CÂNTARO

MONJAS CARMELITAS DESCALÇAS
DE POUSO ALEGRE-MG

CÂNTARO

Vida da Serva de Deus Maria Imaculada da Santíssima Trindade, ocd

EDITORA
SANTUÁRIO

Dados Internacionais de Catalogação na Publicação (CIP) de acordo com ISBD

C229 Cântaro: vida da Serva de Deus Maria Imaculada da Santíssima Trindade, ocd / organizado por Monjas Carmelitas Descalças. - Aparecida, SP : Editora Santuário, 2021.
200 p. ; 16cm x 23cm.

ISBN: 978-65-5527-033-4

1. Religião. 2. Cristianismo. 3. Maria Imaculada da Santíssima Trindade. I. Descalças, Monjas Carmelitas. II. Título.

2021-2067 CDD 240
CDU 24

Elaborado por Vagner Rodolfo da Silva - CRB-8/9410

Índice para catálogo sistemático:
1. Religião : Cristianismo 240
2. Religião : Cristianismo 24

1ª impressão

Rua Pe. Claro Monteiro, 342 – 12570-000 – Aparecida-SP
Tel.: 12 3104-2000 – Televendas: 0800 0 16 00 04
www.editorasantuario.com.br
vendas@editorasantuario.com.br

Às Irmãs da primeira hora que,
com Mãezinha,
construíram espiritual e materialmente
o Carmelo da Sagrada Família.

PREFÁCIO

Ó Deus, vós sois meu Deus, a vós eu procuro.
Minha alma tem sede de vós, todo o meu ser vos anseia,
como terra ressequida, esgotada, sem água.
(Salmo 63)

Quando as Irmãs Carmelitas de Pouso Alegre me pediram um prefácio para o livro sobre a Serva de Deus Maria Imaculada da Santíssima Trindade, eu voltei no tempo, a 1973, o ano em que entrei no seminário, quando minha alma começou a conhecer mais de perto os caminhos do sacerdócio. Tinha eu, então, 17 anos, incompletos.

Foi com essa idade que conheci o Carmelo da Sagrada Família. Começava ali, naquele ano, uma admiração profunda pelo carisma carmelitano, que atravessaria décadas e sobreviveria às intempéries do tempo. Em dificuldades e adversidades, essa proximidade com o ideal de Teresa e João da Cruz sempre me amparou e me lembrou que Deus basta, só Deus basta! Esse pensamento me conectava comigo mesmo. Naquele lugar, em uma colina de Carmelo, pessoas oravam por mim. Só Deus basta!

Tudo o que sei de Irmã Maria Imaculada me mostra que ela sempre esteve em Deus, na mais inteira e plena consagração. Para ela, Deus era um amigo íntimo diante de quem as palavras são desnecessárias, para quem basta um olhar. Poucas vezes eu me encontrei com ela, mas jamais esquecerei o brilho daquele olhar, que escondia todas as preocupações, daquele sorriso, que camuflava todas as dores... que não foram poucas!

Quem sempre estava em Deus, sempre esteve em si.

A quem foi dado o privilégio de tê-la como confidente e iluminadora das dificuldades, na certa, vivencia esse momento como um tempo de graça. Como retribuir ao Senhor tudo o que Ele fez em nosso favor?

(Salmo 115). Eu olho com os olhos da fé, e por eles enxergo, assim, esse momento.

Desde o início de minha caminhada, nos anos 70, décadas se passaram, fatos aconteceram, a história girou sobre seu próprio eixo sempre humano.

Uma coisa, porém, não mudou, jamais mudará: os humanos continuam sedentos de Deus, ainda que não saibam disso, ainda que o sagrado Nome de Deus admita sucedâneos, como, por exemplo, sentido existencial. O ser humano se constitui pela abertura ao outro. Quem conheceu a Mãezinha do Carmelo de Pouso Alegre testemunhou uma vida de abertura plena, seja ao Grande Outro da alma ou ao pequeno outro do parlatório. Mas sempre abertura, jamais fechamento. Para ela, os muros da clausura tinham a dimensão do céu.

Agora, as Irmãs Carmelitas vêm nos presentear com uma biografia que traz o sugestivo nome de "Cântaro". Outra palavra não definiria tão bem quem foi a Serva de Deus Maria Imaculada da Santíssima Trindade: um cântaro, sempre cheio de águas límpidas e transbordantes, uma fonte por onde correram, largas e profundas, as águas cristalinas de Deus.

Essa não é uma simples biografia. É um livro espiritual para levar sempre consigo, abrir, meditar e contemplar a beleza que irradia da Beleza.

À honra de escrever este prefácio se junta um desejo: que esse Cântaro mate a sede de muitos que não a conheceram, mas nem por isso se encontram menos expostos à luz que irradia detrás dos muros do Carmelo. Carmelo que ela sonhou, amou e construiu. E onde repousam os frágeis fragmentos que sustentaram uma grande alma.

Dom José Francisco Rezende Dias
Arcebispo de Niterói
Presidente do Regional Leste 1 da CNBB

"Se alguém tem sede,
venha a mim e beba,
aquele que crê em mim! [...]
De seu seio jorrarão rios de água viva."
(Jo 7,37s)

"No deserto, existe sobretudo a necessidade de pessoas de fé que,
com suas próprias vidas, indiquem o caminho para a Terra Prometida,
mantendo assim viva a esperança.
Em todo o caso, lá somos chamados a ser pessoas-cântaro
para dar de beber aos outros.
Às vezes o cântaro transforma-se numa pesada cruz,
mas foi precisamente na Cruz que o Senhor, trespassado,
Se nos entregou como fonte de água viva.
Não deixemos que nos roubem a esperança!"
(Papa Francisco, *Evangelii gaudium,* 86)

SUMÁRIO

INTRODUÇÃO

Profeta da esperança, Mãezinha – a Serva de Deus Maria Imaculada da Santíssima Trindade, ocd –, transbordava o amor incondicional de Deus, que transforma a Cruz em Ressurreição, para aqueles que com ela tinham contato. Uma "pessoa-cântaro".

"Não sei se eu fiz Jesus feliz, mas sei que Ele me fez muito, muito feliz!", afirmava ela no seu jubileu de ouro de vida religiosa. Uma vida feliz, mesmo com a presença do sofrimento desde a infância.

Viveu em sua carne aquilo que afirmava às suas filhas na direção espiritual, ou aos amigos, benfeitores e pessoas de todos os tipos que a ela recorriam no locutório do Carmelo da Sagrada Família, de Pouso Alegre, MG.

Pouquíssimas vezes saiu da clausura de seu mosteiro; raramente utilizava o telefone. A internet ainda não existia na pequena Pouso Alegre, quando ela faleceu. No entanto, naquele dia 20 de janeiro de 1988, a cidade estremeceu, ao "perder" aquela que sabia mais da vida interior de seus habitantes que qualquer outra pessoa, e por eles velava, com amor de mãe. Nós, Irmãs que presenciamos esses fatos, ficamos admiradas ao ver o movimento contínuo de pessoas que vinham prestar as últimas homenagens a essa "pobre serva", como ela se autodesignava, e tocar em seu corpo algum objeto, para guardá-lo como relíquia.

Cônscias da grande, mas humilde santidade de nossa fundadora, pensávamos que todo aquele movimento acabasse ali, com seu sepultamento. Porém, dias depois, as Irmãs Externas encontraram velas acesas junto ao muro de clausura do Carmelo, no local mais próximo da sepultura de Mãezinha, por pessoas silenciosas, que continuavam a vir pedir sua intercessão junto a Deus.

A lembrancinha de morte de Mãezinha foi fotocopiada pelo Sr. José Miguel Ferreira, seu amigo de longa data, que recebeu uma graça de cura por meio da intercessão dela e que, encontrando pessoas com algum problema, dava-lhes a lembrancinha e as incentivava a recorrer, em oração, à sua amiga. Esse movimento espontâneo nunca cessou, e essas pessoas pressionaram-nos a abrir o Processo de Beatificação e Canonização de nossa Mãezinha.

Percebemos que o povo experimenta aquilo que o papa Francisco afirma na Exortação Apostólica *Gaudete et exsultate*, n. 4: "Os santos, que já chegaram à presença de Deus, mantêm conosco laços de amor e comunhão. [...] Não devo carregar sozinho o que, na realidade, nunca poderia carregar sozinho. Os numerosos santos de Deus protegem-me, amparam-me e guiam-me".

Quanto mais Mãezinha torna-se a amiga, a companheira, a intercessora, o exemplo para essas numerosas pessoas, mais elas querem conhecê-la e dá-la a conhecer. Para atender um pouco desse desejo, surgiu este livro.

E para que juntos possamos dar louvor e glória Àquele que é a Fonte de toda santidade e que fez maravilhas na pequenez de sua serva.

Irmãs do Carmelo da Sagrada Família
Pouso Alegre, MG

Observação preliminar

As fontes deste livro se restringem aos arquivos do Carmelo da Sagrada Família de Pouso Alegre, MG, do Carmelo de São José de Campos dos Goytacazes, RJ, e da memória das Irmãs que conviveram com a Serva de Deus.

— I —

FAMÍLIA E INFÂNCIA

Tudo pode ser recebido e integrado
como parte da própria vida neste mundo,
entrando a fazer parte do caminho de santificação.
(Papa Francisco, *Gaudete et exsultate*, 26)

Portugal, Província do Minho, 1895. Vitorino de Magalhães Exposto, carpinteiro de profissão, vê-se premido pela crise financeira do país. Não consegue trabalho. Reúne sua esposa, Genoveva, e os filhos. Comunica-lhes que a única saída que vislumbra é sua ida para o Brasil, em busca de emprego, e pede que um dos filhos o acompanhe. Todos se entreolham em silêncio. Manoel, com 15 anos de idade, dispõe-se a enfrentar o desconhecido e auxiliar o pai.

Após a longa travessia do Atlântico, aportam no Rio de Janeiro. A cidade, em plena expansão, com cerca de 520 mil habitantes, parecia oferecer suficiente campo de trabalho. No entanto, o choque climático, somado ao desgaste das semanas no navio tornaram os dois portugueses vulneráveis ao vírus da febre amarela. Consumido pela doença, Vitorino falece. Manoel consegue recuperar-se, e se vê sozinho, sem dinheiro, sem parentes, sem nenhum ponto de apoio.

Presta pequenos serviços aqui e lá. Começa a ser vendedor ambulante e, aos poucos, concentra suas vendas em batatas e frutas. Desde então, envia dinheiro para a família, que permanece em Portugal. Procurando preços melhores, chega até os produtores. Dessa forma, Maria da Fé, cidade do Sul de Minas e grande produtora de batata, torna-se ponto indispensável do comércio de Manoel.

Cidade de Maria da Fé, no início do séc. XX.

Ele trava relações com a família Campos Salles, que trabalha, nessa pequena cidade, na Rede Ferroviária Mineira, utilizada constantemente por Manoel. Conhece Maria Augusta Campos e por ela se apaixona. A família não vê com bons olhos a situação, uma vez que aquele jovem português não tinha referências no Brasil; era católico, mas não frequentava a Igreja. Porém a integridade, a garra, a honestidade, a informação de que aquele jovem sustentava com seu trabalho a família, em Portugal, e já tinha condições para constituir uma família, derrubaram as barreiras.

Manoel se fixa em Maria da Fé, e em 1906 se realiza o casamento. Maria era de temperamento brando, silenciosa e firme. Gostava muito de ler: seu pai fora professor, em Virgínia, MG, onde ela nascera, e lhe passara o gosto pela leitura. Profundamente cristã e piedosa, aos poucos, ela reconduz o esposo a uma profunda prática religiosa. Um ano depois, nasce a primeira filha, Genoveva.

Manoel trabalha não só em Maria da Fé, mas também compra e revende seus produtos nas cidades do Sul de Minas, e, muitas vezes, leva a esposa nessas viagens. Numa delas, estando em Jacutinga, nasce sua segunda filha, Maria Giselda – a Serva de Deus Maria Imaculada da Santíssima Trindade –, a 8 de julho de 1909; é batizada em Santa Rita do Sapucaí, a 12 de agosto de 1909.

A terceira filha é Rita, seguida de Gabriel e Murilo. Entre esses nascimentos, o casal teve também três meninos, todos com o nome de Manoel, e uma menina, Maria; faleceram em tenra idade. Agregou-se à família Francisca uma menina órfã que rodeava as casas de Maria da Fé, pedindo esmola. Manoel e Maria a recolheram e adotaram como filha.

Seu lar era cheio de vitalidade. Manoel se inseriu plenamente na família da esposa e na vida eclesial da pequena Maria da Fé. Sua casa estava sempre aberta aos pobres, aos parentes e ao Clero.

Casa onde viveu a família Villela em Maria da Fé.
No andar térreo localizava-se o comércio de Manoel

Por volta de 1913, os Redentoristas realizaram uma Missão na cidade e se hospedaram na casa de Manoel. Logo chamou atenção a vivacidade de Giselda. Um dos sacerdotes começou, então, a interrogá-la sobre o Catecismo. Ele ficou espantado com as respostas exatas da criança. Disse aos pais:

– Esta menina está mais do que pronta para receber a Primeira Comunhão! Vou confessá-la e ela fará a Primeira Comunhão com as demais crianças, amanhã!

Os pais se entreolharam entre surpresos e felizes. E o vestido de Primeira Comunhão? Logo Maria se lembrou da veste batismal de Gabriel e foi com ela que Giselda recebeu Jesus pela primeira vez.

Foi o sinal de partida para uma vida de comprometimento com a Igreja. Desde já, fazendo parte da "Infância Missionária", Giselda vendia cartões para angariar fundos para as Missões, com seu amiguinho Delfim Ribeiro Guedes, um ano mais velho que ela, que com ela tinha recebido a Primeira Comunhão. A esperteza da menina ia além do desejado, pois Giselda convencia Delfim a comprar os seus cartões para, assim, ela ter mais dinheiro para dar para as Missões! Quis entrar para o Apostolado da Oração. Não sabendo ler ainda, rezava de memória as orações e contava nos dedinhos as Ave-Marias que todos os membros deveriam rezar.

No entanto, Giselda não era um anjo de bondade. Possuía um temperamento colérico e teimoso.

Por esse tempo, a família foi passear numa fazenda. Giselda ficou encantada com os peões montando cavalos bravos e quis montar num deles. O peão lhe disse ser impossível. Giselda o interrogou:

– Se você monta, por que eu não posso montar?

– É que eu sou peão!

– Se você é peão, eu sou peoa!

E tanto fez e teimou que o homem a colocou sobre o cavalo que, de imediato, a sacudiu e derrubou, dando-lhe um coice na virilha. Foi socorrida, cuidaram do ferimento e Giselda logo se restabeleceu. E os pais não deram mais importância ao ocorrido.

Depois de pouco tempo, tendo a família mudado de residência, ficou esquecida na antiga casa uma sombrinha de Giselda. Um dia, ela se deparou com uma menina na rua, ostentando a "sua" sombrinha. Imediatamente a exigiu de volta. A menina se recusou. Giselda não teve dúvidas: arrancou-lhe a sombrinha das mãos, deu-lhe uma surra com ela e a rasgou completamente, dizendo à pobre menina: "Nem minha, nem sua!" E foi embora, pisando duro.

Apesar desse temperamento, Giselda era muito amorosa para com os pais, avós e irmãozinhos. Mas, como toda criança, era fácil arrumar alguma briguinha ou desavença. Se Gabriel pusesse o dedinho – e o fazia por pirraça – nos deliciosos pastéis ou doces que sua mãe fazia, Giselda se desfazia de indignação e não os comia, por nojo.

A casa da avó, Maria da Costa Salles, era o paraíso dos netos: lá tinham mais liberdade de "ação" e a vovó preparava muitas guloseimas para eles. Giselda adorava os bolinhos que ela fazia. Um dia, enquanto os fritava, Giselda aproveitou que avó não estava olhando e se apoderou da travessa de bolinhos. Foi para seu quarto, despejou tudo na cama e colocou o travesseiro por cima. E, deitada, saboreava lentamente os bolinhos, tirando-os debaixo do travesseiro. A avó percebeu a falta da travessa e saiu em busca do pequeno ladrão, perguntando-se qual dos netos teria sido tão esperto. Pegou Giselda em flagrante e a livrou de ter uma boa indigestão!

Em outro dia, fez tanta traquinagem, que a avó, não dando mais conta, disse-lhe:

– Quando seu pai chegar, vou lhe contar tudo o que você fez!

Giselda se afastou, pensativa. Ficou espreitando a chegada do pai. Quando ele entrou, foi logo ao seu encontro, dizendo, em tom de segredo:

– Sabe, papai?! Acho que a vovó está ficando caduca! Não se pode acreditar em nada, nada do que ela fala!

Uma das características marcantes de Maria Augusta era a caridade. Estava sempre atenta e disponível aos pobres. Manoel, por sua vez, tendo experimentado na pele o que significa a pobreza, dava-lhe todo o apoio e assentimento. Certo dia, Maria vê uma pobre senhora doente, Blandina, pedindo esmolas. Inteirando-se de que ela não tinha lugar para morar, arruma, juntamente com a empregada, um quartinho que tinha no fundo do quintal e lá acomoda com carinho Blandina, ordenando à empregada que lhe desse tudo o que ela precisasse e mantivesse o quartinho em perfeita ordem e limpeza. Giselda observava tudo. A empregada, diante do aumento de trabalho, convence Giselda de expulsar a pobre num momento oportuno. Aproveitando-se de uma saída de Maria, as duas fazem uma trouxa com os poucos pertences de Blandina, colocam-lhe o colchão nas costas e a expulsam de casa.

Quando a mãe chegou, percebendo sua ausência, interroga a empregada, que responde que ela quisera ir embora. Giselda se cala num primeiro momento, mas depois não aguenta e diz à mãe a verdade. Esta ordena que as duas – Giselda e a empregada – encontrem Blandina e a tragam de volta, imediatamente. Lição que Giselda jamais esqueceria.

A vida corria normalmente, quando, tendo uns 5 ou 6 anos, Giselda chama Genoveva e, mostrando-lhe a virilha, pergunta-lhe inocentemente se ela também tinha uma "bola" como aquela. No local em que recebera o coice do cavalo desenvolveu-se um enorme tumor. Assustada, Genoveva avisa os pais. Eles procuram imediatamente recursos fora de Maria da Fé. Foram, então, informados que estaria em Campanha, MG, um famoso médico. Para lá se dirigem, com a filha.

No mesmo hotel em que se hospedava o médico examinou Giselda, constatou a gravidade do caso e disse ser necessário uma cirurgia urgente, que foi feita ali mesmo. A anestesia foi ineficaz – se houve anestesia! –, e entre os gritos da pobre menina, que chamava o médico de açougueiro e ameaçava processá-lo, o tumor foi retirado, a sangue frio. Dias depois, retornaram a Maria da Fé, e parecia que tudo ia bem, uma vez que Giselda se restabelecia rapidamente.

— II —

ADOLESCÊNCIA E JUVENTUDE

Também tu precisas de conceber a totalidade
da tua vida como uma missão.
Tenta fazê-lo, escutando a Deus na oração e
identificando os sinais que Ele te dá.
Pede sempre, ao Espírito Santo, o que espera Jesus de
ti em cada momento da tua vida e em cada opção
que tenhas de tomar,
para discernir o lugar que isso ocupa na tua missão.
(*Gaudete et exsultate*, 23)

Assim como Genoveva, Giselda estuda como interna no Colégio Sagrado Coração, gerido pelas Irmãs da Providência de Gap, em Itajubá, MG. Pouco tempo depois de sua chegada, o tumor na virilha reaparece. As Irmãs, que também têm um grande hospital, sabendo do histórico do problema, levam uma equipe de médicos para examinarem sua aluna. Giselda, traumatizada com a experiência anterior e vendo tantos médicos, nervosa, afirma categoricamente:

– Só permito que me examinem um a um e que os outros permaneçam afastados, com as mãos para o alto!

Constrangida com a cena, uma das Irmãs lhe diz:

– Giselda, por favor!

– Sim, Irmã! Eles são uns açougueiros! A senhora não imagina o que eu sofri nas mãos de um médico!

– Giselda, controle-se!...

Os médicos são compreensivos e fazem como ela impõe. Percebem que o caso ultrapassa os recursos que dispunham e aconselham a família que leve a jovenzinha para um centro maior, de preferência, o Hospital Pedro Ernesto, no Rio de Janeiro.

Os pais se dirigem, com Giselda, para a então capital brasileira. No citado hospital é confirmada a gravidade do caso e imediatamente Giselda é submetida à sua segunda cirurgia. Era o dia 17 de abril de 1923. Ainda não completara 14 anos. No dia seguinte, Dr. Pedro Ernesto, de posse do resultado da biópsia do tumor, chama Manoel:

– Os resultados não são nada animadores, Sr. Manoel.

– O que ocorre, Doutor?

– É carcinoma, da espécie mais agressiva e em estado muito adiantado. Sinto muito, mas tenho que ser franco com o senhor: não há nenhuma esperança de vida para sua filha.

Manoel sente o chão lhe faltar aos pés. Mas se agarra em Deus, e responde:

– Eu confio em Deus. Confio na medicina do céu!

Dr. Pedro abanou a cabeça:

– O que a ciência da terra não pode, Deus também não faz.

A afirmação cética do famoso médico, embora os fizesse sofrer, não abalou a fé dos pais, que se revezam ao lado do leito de sua filha.

Na manhã do dia seguinte, 19 de abril, Manoel, que passara a noite junto de Giselda, vendo-a muito serena, perguntou-lhe se ela se importaria se ele fosse participar da Missa, na igreja próxima, ao que ela concordou prontamente.

Era dia de Santo Expedito e o Celebrante fizera um belo panegírico do poder intercessor do Santo junto de Deus. Manoel se sentiu impelido a fazer ao Santo a promessa de que, se alcançasse a cura de Giselda, ele doaria para a igreja de Maria da Fé uma imagem sua. E qual não foi a sua surpresa quando, ao sair da igreja, deparou-se com Maria, que também participara da Missa e fizera exatamente a mesma promessa que ele!

O casal volta para o hospital. Dr. Pedro chama-os e lhes propõe o tratamento de aplicação de Rádio na filha. Era uma terapia incipiente, ainda em fase experimental, mas que parecia produzir bons efeitos, embora ele continuasse julgando o caso de Giselda perdido. Os pais concordam, confiando na intercessão de Santo Expedito, e assim a permanência deles no Rio de Janeiro se prolonga.

Por fim, Giselda vence o tratamento e retorna ao lar, em meio à alegria de todos e imensa gratidão para com o Santo! E na Igreja Matriz de Nossa Senhora de Lourdes, em Maria da Fé, encontra-se bela a imagem em madeira que Manoel Villela mandou entalhar, cumprindo sua promessa. No entanto, Giselda fica com a perna esquerda sempre inchada, como sequela da aplicação radioterápica.

Volta aos estudos, com vivacidade e empenho. É uma excelente aluna. Trava profunda amizade com uma das mestras, Irmã Marta, que tem uma forte influência sobre a vida espiritual de Giselda.

No interior da jovem valores se contrastam. Ao mesmo tempo que ia sentindo uma crescente atração pelas coisas de Deus, era extremamente vaidosa e ambiciosa. Queria ser rica e – caso raro para uma jovem mulher no início do século XX, no Sul de Minas – queria ter um carro e dirigi-lo.

Quando chega ao Brasil a moda de cabelos curtos, Giselda é uma das primeiras a usá-la. Para o espanto dos pais, ela chega em casa, de férias, ostentando o novo corte de cabelo. Padre Pivato, ardoroso e firme Pároco de Maria da Fé, que tinha uma grande ascendência na vida da família Villela, ao ver sua paroquiana daquela forma, fica muito bravo com ela, repreende-a e ordena-lhe que quando fosse de casa para a igreja e vice-versa caminhasse pelas ruas com o véu que, na época, as mulheres usavam dentro da igreja, cobrindo os cabelos. E Giselda obedece!

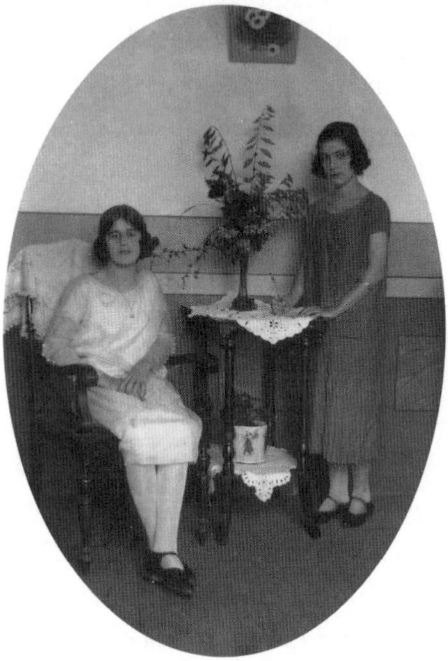

Giselda, à esquerda, com sua prima Maria José

Giselda ao ler "História de uma alma", autobiografia de Santa Teresinha do Menino Jesus, sente-se profundamente abalada e chamada para a vida do Carmelo. Abre-se com o seu diretor espiritual, o Padre João Batista Van Rooyen, MSC, e com a amiga Lourdes, e descobre que também partilhava do mesmo sonho. O sacerdote aconselha-as a escreverem para o Carmelo de Campinas, SP.

Depois de rascunhos e mais rascunhos, finalmente chegam a uma redação final da carta, que enviam à Madre Maria Ângela de Jesus, Priora do Mosteiro, por intermédio do sacerdote.

Ao mesmo tempo, Giselda finaliza seus estudos. As Irmãs, diante das excelentes qualidades de sua aluna – piedosa, inteligente, líder nata, firme e alegre –, convidam-na a lecionar no Colégio. Pensando já na ida para o Carmelo e no quanto isso custaria para os seus pais, ela aceita a proposta, mantendo a ausência de casa para tornar a despedida menos dolorosa.

Colégio do S. Coração, em Itajubá, MG
(foto atual do prédio onde Mãezinha estudou e lecionou)

Durante esse ano, à noite, Giselda fica preparando suas aulas na sala dos professores. Era hora de silêncio rigoroso para as Irmãs. Irmã Marta, sua amiga, era encarregada de fazer a ronda pelo Colégio, para ver se tudo estava em ordem. Giselda, muito comunicativa, mas sem saber nada da vida das Irmãs, aproveita sempre da oportunidade para conversar com ela. Irmã Marta responde com naturalidade, mas depois, tinha que se acusar no Capítulo – reunião de revisão de vida das Irmãs –, que havia faltado ao silêncio. Até que um dia, desabafa:

– É, não tem jeito! Você sempre me faz faltar ao silêncio!...

– Faltar ao silêncio? O que é isso? Por que é falta?

– Todas as vezes que converso com você, neste horário, tenho que me acusar no Capítulo e cumprir uma pequena penitência, pois é contra a nossa Regra.

Indignada, Giselda responde:

– Silêncio! Pra quê isso?... Mas se é assim, não acontecerá mais.

E, irritada com a situação, nunca mais falou com Irmã Marta nesse horário. Aos poucos, porém, a Religiosa foi lhe dando a compreender o valor e o sentido do silêncio. Giselda empreende um sério trabalho na transformação de seu temperamento. Mas as quedas continuam.

Como a avó materna já estava bem idosa, Maria, em companhia de Giselda, tenta convencê-la a ir morar com elas. A avó resiste:

– Gosto muito do Manoel, mas ele é muito sistemático e creio que não dará certo...

Giselda, num ímpeto, grita com a avó:

– Eu não admito que a senhora fale mal do meu pai!!!

A custo, Maria consegue conter a fúria da filha: os pais eram pessoas intocáveis para ela!

De outra feita, uma empregada, Ditinha, muito espontânea em suas palavras, respondeu mal a Maria. Giselda estava perto e imediatamente deu um tapa em Ditinha:

– Não é assim que se responde para a minha mãe!!! Tenha respeito com ela!

A luta era insana. Mas Giselda não desanimava. Seu amor por Deus a fazia retomar os propósitos, após cada queda.

Por esta época, a família Villela mudara-se para Pouso Alegre, onde Manoel expandia o seu comércio. O lar se torna local de acolhida dos vizinhos Padres Claretianos, de Mons. Mendonça e de Dom Octávio Chagas de Miranda, Bispo de Pouso Alegre. Genoveva participa ativamente dos movimentos eclesiais e borda maravilhosamente alfaias para o Santuário do Imaculado Coração de Maria. Gabriel, sentindo-se chamado ao sacerdócio, com a alegria da família, ingressa no Seminário Diocesano de Pouso Alegre, em 1929.

E Giselda, finalmente, conta para os pais sobre sua vocação. A mãe teme pelo caráter colérico da filha, pressentindo as dificuldades que terá numa vida de obediência e de comunidade enclausurada, com pessoas diferentes entre si. E, mais do que tudo, o rigor da vida carmelitana frente à saúde frágil da filha!

Sincera como sempre fora, Giselda fala à Madre Maria Ângela sobre seu problema de saúde. A Priora, então, entra em contato com o Padre Van Rooyen, pedindo esclarecimentos e sua opinião. Certamente o sacerdote fala do forte espírito e "determinada determinação"[1] de Giselda, acreditando que isso supriria a debilidade de sua saúde. Madre Ângela decide, então, pedir que a vocacionada visite o mosteiro.

O pai a acompanha a Campinas. Antes da chegada dela, as Irmãs carmelitas aconselham Madre Ângela a receber apenas Lourdes e recusar "a de perna gorda", temendo que no futuro ela viesse a ser um peso para a Comunidade. Mas, desde a primeira visita ao locutório, todos os preconceitos caem por terra, frente à alegria, vivacidade e sede de Deus que Giselda lhes demonstra. Combinam então mais visitas e que ela fosse examinada pelo médico do Carmelo, Dr. Arlindo Joaquim de Lemos, irmão da Madre Ângela.

Neste ínterim, Giselda dá aulas de catequese para as crianças, nas suas férias, em Pouso Alegre. Já corria o boato, na cidade, que ela iria ser carmelita. Uma jovem, Maria Eulália Bueno Salles, de apelido Lali, queria conhecê-la, pois também desejava ser carmelita. Mas como chegar até Giselda? A oportunidade se oferece numa procissão, da qual Giselda participa, levando junto de si sua priminha, Mônica. Lali aproxima-se e pisa – "sem querer" – no pé da criança, a fim de pedir desculpas e entabular uma pequena conversa com Giselda. Daí nasce uma grande amizade.

[1] Expressão de Santa Teresa de Jesus. Cf. Teresa de Jesus. **Obras Completas**. Paço de Arcos: Edições Carmelo, 2000, p. 434.

Lali e Giselda

Certo dia, as duas caminham na Praça João Pinheiro e passando em frente à casa situada ao lado da Igreja de N. Senhora do Rosário e São Benedito, num impulso, Lali diz a Giselda:

– Esta casa será um Carmelo. Você será a Priora e se chamará Maria Imaculada da Santíssima Trindade!

Giselda olhou para ela estupefata:

– Você enlouqueceu?!... Se bem que o nome é lindo!... Mas não sou digna dele...

No entanto, a situação política do país força Giselda a protelar o seu sonho. Explode a Revolução Café com Leite e Pouso Alegre, pela proximidade de São Paulo e sendo sede de duas unidades do Exército, é um local de provável combate. Manoel, preocupado com a família, decide ir mais para o interior e escolhe a cidadezinha de Estiva. Lá, a família se hospeda por alguns meses no hotel mantido pela família Rosa, com a qual estabelecem laços de amizade que perdurarão por toda a vida de Giselda. Membros dessa família, que ela conhece ainda crianças, se tornarão grandes amigos e benfeitores do futuro Carmelo da Sagrada Família.

De longe, Giselda vê o trem passando com soldados paulistas, feitos prisioneiros pelos mineiros. Várias vezes – certamente escondido do pai –, Giselda consegue levar água e alimentos para esses pobres jovens.

A Revolução finaliza em 1 de novembro de 1930 e, tão logo foi possível, Giselda vai a Campinas, acompanhada pelo pai. Prática como era, a mãe lhe aconselha que, se fosse aprovada no exame médico, já ingressasse no mosteiro. Manoel deixa Giselda hospedada na Pensão Lourdes, próxima ao Carmelo, e retorna com um grande aperto no coração. Aquela era sua filha predileta, tanto pela afinidade de caráter entre os dois e pelo mútuo carinho, como por todo o sofrimento que passara com sua doença.

Após a consulta médica, Giselda escreve ao pai:

> Campinas, 23/11/1930.
>
> Meu querido papai,
>
> Que o senhor tenha feito boa viagem, é o meu desejo.
> Como vão todos em casa?
> Eu continuo bem, graças a Deus.
> Fui ao médico; ele achou que para a inchação de minha perna não há remédio, mas também, que não tem importância.
> Portanto, já que não há impedimento algum por parte de minha saúde, venho pedir-lhe – e à boa mamãe –, a licença de entrar já, pois tenho esperado muito.
> Desde que Madre Superiora me aceite, sou da mesma opinião de mamãe, isto é, ficar de uma vez, por isso, insisto que me dê a licença que há um ano o senhor me deu.
> Supondo que o bondoso papai tenha se compenetrado de que isto não lhe deve ser uma fonte de tristeza, mas de alegria, venho solicitar-lhe uma resposta urgente.

Quanto ao dote, a Madre Superiora diz que o senhor pode entrar com 5:500$ agora, na entrada, e os outros 5:000$, 3 meses depois. Querido papai, sei que isto talvez lhe seja um pouco de sacrifício, devido ao seu movimento comercial, mas o senhor tem feito tão grandes sacrifícios por mim, faça agora este último, que Jesus lhe pagará mui generosamente. Tudo quanto o senhor possui foi dado por Ele, pois é muito justo que lhe peça agora essa esmola na pessoa de sua filha.

Não quero saber de tristeza em casa, nem tão pouco é preciso vir aqui agora; basta escrever-me, porque aqui já está tudo arranjado. Estou radiante de alegria, e o mesmo quero que reine aí, pois estejam certos que serei imensamente feliz se puder viver atrás daquelas grades, que tão fortemente me atraíram. A vida da carmelita não é que se pensa cá fora. Ali, vive-se alegre e tranquila. Não sei como agradecer a Deus esta tão grande graça! Só sei dizer que sou muito e muitíssimo feliz!

Espero receber agora uma boa resposta, e daqui alguns meses, a visita dos queridos paizinhos e irmãos, para tomarem parte de minha alegria no dia da Tomada de Hábito. Nesse dia, irei vestida de noiva; o vestido é dado pela família. Preparem-se desde já, que o Esposo é nobre.

Quanto à mala e o que têm a mandar, vai uma lista.

Abraços aos maninhos.

Queira, com mamãe, abençoar a filhinha que jamais os esquecerá aos pés de Jesus.[2]

[2] Maria Giselda Villela. **Carta a Manoel Villela.** In: Arquivo do Carmelo da Sagrada Família. Epistolário Ativo, pasta M-15.

— III —

NO CARMELO DE SANTA TERESINHA – CAMPINAS

A tua identificação com Cristo
e os seus desígnios requer o compromisso de construíres,
com Ele, este Reino de amor, justiça e paz para todos.
O próprio Cristo quer vivê-lo contigo em todos
os esforços ou renúncias que isso implique
e também nas alegrias e na fecundidade que te proporcione.
Por isso, não te santificarás sem te entregares de corpo e alma,
dando o melhor de ti neste compromisso.
(*Gaudete et exsultate* 25)

No dia 29 de novembro de 1930, ao meio-dia, as portas do Carmelo de Santa Teresinha se abrem para a postulante Giselda. O mosteiro tinha apenas quatro anos de fundação e o prédio ainda estava em construção.

Carmelo de Campinas

As Irmãs estavam no retiro comunitário anual, de dez dias, e assim, não abraçaram a postulante no mesmo dia, como é de praxe. Madre Ângela é o seu "Anjo", levando-a por toda a casa, mostrando-lhe os diversos lugares e como se comportar neles.

Chegando ao refeitório, indica o lugar que ela ocuparia. E, com suas mãos, Madre Ângela, demonstra-lhe a maneira de partir o pão, como era o costume. Giselda engole seco, lembrando-se de Gabriel pondo o dedo em seus alimentos, e ela, fazendo birra, deixando de comê-los. Agora, não haveria jeito...

Às 15h, Irmã Ana vem chamá-la para tomar um cafezinho, erguendo o seu véu de retiro. Giselda fica encantada com a alegria que os olhos da Irmã lhe transmitem.

Terminado o retiro, as Irmãs se reúnem para abraçar a nova postulante, com a alegria transbordante, típica dos recreios do Carmelo Descalço. E, então, perguntam à Madre Ângela como ela se chamaria na nova vida. Madre Ângela responde solenemente:

– Maria Imaculada da Santíssima Trindade!

Giselda estremece: era o nome profetizado por Lali, o qual ela sonhava! Mas contém sua exultação, por medo de que, por mortificação, Madre Ângela o mudasse, caso manifestasse demasiada alegria.

Tudo no Carmelo a encanta. Sente-se feliz como um peixinho dentro d'água! Só uma coisa teme: ser mandada embora, por causa de sua saúde frágil.

Como, naquela época, os pratos já vinham servidos, ela procurava comê-lo todo, julgando que assim se fazia. As Irmãs que preparavam os pratos diziam entre si:

– Ela é magrinha, mas tem apetite e come bem! Vamos aumentar mais um pouquinho a comida para ela!

E a cada dia, recebendo de volta o prato vazio, aumentavam-no. Tornava-se mais difícil para a pobre postulante consumir toda aquela comida. Até que seu estômago não aguentou mais. Quando a dor se torna insuportável, ela fala do problema com Madre Ângela, que lhe explica que cada uma come somente a quantidade que deseja, puxando, com a faca, o que vai consumir para uma tigelinha e devolvendo o restante intacto no prato.

Maria Imaculada tem de ir ao médico e tirando um Raio X verifica-se uma enorme dilatação do estômago e uma úlcera, que a acompanharia por toda a vida. Mais uma complicação para a sua saúde. Entra numa dieta rígida. Pouco tempo depois, uma crise de erisipela a obriga ao repouso. Tão logo se restabelece, volta com alegria à vida normal. Tempos depois, vem outra crise. Madre Ângela, brincando com ela, ao vê-la de cama, diz:

– Olhe o trem para Pouso Alegre! Logo ele vai partir!

E Maria Imaculada se debulha em lágrimas. Mas não era sério: Madre Ângela se admirava cada vez mais do forte espírito daquela postulante. Para prová-la, um dia, manda-a varrer a escada de baixo para cima. Esperava que a inteligente jovem retrucasse. Nada! Simplesmente pega a vassoura e inicia a tarefa, juntando o cisco a cada degrau, e dizendo para si mesma:

– No Carmelo tudo é diferente, até mesmo a maneira de varrer!

Madre Ângela, então, resolve trocar a saia e capinha da postulante, novinhas, por outras velhas, manchadas e surradas. Nenhuma queixa.

No Carmelo, para auxiliar a vida contemplativa, somente se fala nas duas horas de recreio, ou quando o trabalho ou alguma outra necessidade o impõe. Sendo possível, todo o restante da comunicação é feita por meio de bilhetes e sinais. Maria Imaculada é fidelíssima, mesmo quando suas companheiras não o são. Em certa ocasião, recebem uma grande encomenda de escapulários e têm que trabalhar em mutirão. Vez ou outra, uma das noviças pergunta – falando –, quantos ela já tinha prontos. Responde com os dedos das mãos ou por bilhetes. Essa fidelidade irrita suas jovens companheiras. Mas ela permanece firme. O que era para ser feito, era feito.

No início de março de 1931, Dom Francisco de Campos Barreto, Bispo de Campinas e fundador do Carmelo, vem visitar a Comunidade. Alegra-se com o seu florescimento. Diz à Priora:

– No dia 12 de abril virei dar o hábito às três postulantes.

Ora, somente duas estavam na época de receber a vestição religiosa. Mas Madre Ângela não se opõe. E para a alegria de Maria Imaculada, seu postulantado foi reduzido a menos de 5 meses!

Nesse período, ela se prepara para fazer o "Ato de escravidão à Sabedoria Encarnada, pelas mãos de Maria", segundo o método de S. Luís Maria Grignon de Montfort, que deseja realizar após sua Tomada de Hábito. Desdobra-se na preparação espiritual... e material para o grande dia: logo vem à sua mente o sonhado vestido de noiva, já anunciado na carta ao pai, antes de sua entrada. Escreve-lhe dando a boa notícia, pedindo a Certidão de Crisma que lhe faltava, o restante do dote e... o vestido de noiva! Para a sua decepção, não recebe nenhuma resposta. Escreve novamente (os grifos são dela!):

> Carmelo de Sta. Teresinha, 27 de março 1931.
>
> Caro paizinho,
> Louvado seja Nosso Senhor Jesus Cristo.
> Sua bênção e a de mamãe, é o que peço primeiramente.
> Conforme escrevi ao querido paizinho, no dia 19 deste mês, em carta expressa, por grande bondade de Deus, receberei o santo Hábito não em maio, como lhe havia dito, mas no dia 12 de abril. Segundo o que lhe <u>disse</u> e <u>escrevi</u>, a Certidão de Crisma e o resto do dote deveriam estar aqui no dia 19 de março, se fosse receber o Hábito em maio, e com maior razão agora, que foi abreviada para abril. Na carta do dia 19, expliquei tudo muito bem e pedi resposta urgente; <u>não a receberam</u>? Nesta incerteza, vou repetir o que escrevi, pois nem podem imaginar como me preocupa esse modo de proceder, sem saber a que atribuir.

Primeiramente, peço a caridade de muitas orações para tornar-me menos indigna da grande graça que vou receber e também para que eu seja bem generosa em correspondê-la.
Em segundo lugar, convido a todos os parentes e pessoas amigas a virem participar de minha grande alegria. Peço dizerem a Lali que faço questão que venha também, assim como Vicentina e outras futuras Carmelitas. A Lali, peço também a caridade de escrever a Lourdes Gomes (S. Bento do Sapucaí), convidando-a em meu nome e marcando o dia; até poderiam vir juntos. Não escrevo diretamente porque estamos na Quaresma e logo entraremos em retiro.

Agora vou redizer o que já pedi e que deverá estar aqui no dia 9 de abril: vestido branco com as seguintes medidas mais ou menos: circunferência do busto 100 cm; comprimento do corpo 40 cm; largura da cintura 80 cm; comprimento total 1,30 m; comprimento da manga 57 cm; modesto e bem bonito. Combinação que não deverá ser de alça se a seda do vestido for um pouco transparente; sapato branco, salto alto, nº 36, de cetim ou outra qualquer coisa; meia de seda branca, véu, grinalda, luvas. Um pouco de doces e, se for possível, uma Kodac para tirarmos uns retratos.
Somos 3 a receber o Hábito, por isso os caros paizinhos venham para ficar uns três dias aqui, a fim de aproveitarmos bem. Não dispenso e faço a questão absoluta da presença de papai, mamãe, Veva, Rita, Gabriel e Murilo, tios e primos. Poderão vir dia 11, porque a Tomada de Hábito será dia 12 de abril, às 7 horas da manhã, na santa Missa. Vão ver que coisa bonita; estou radiante!
A Certidão de Crisma e o dinheiro, o caro papai deverá mandar o mais depressa possível. Se não tem o dinheiro em mãos, agora, peço escrever dizendo quando mandará ou se traz quando vier.
O vestido e o resto do pedido devem vir no dia 9, sem falta. Esta carta deverá chegar aí sábado, às 6 horas, e domingo, às 8h [da] manhã, deverão respondê-la em carta expressa, de modo que à tarde eu [a] receba.

> Peço dizer se não receberam a carta do dia 19 e dar resposta minuciosa de tudo que escrevi. Se de tudo não houver tempo de fazer o vestido (façam o possível) aí, mandem dizer, porque se fará aqui em Campinas, e depois o senhor pagará as despesas e gastos; os outros objetos devem mandar. Mandem dizer-me também se Lali escreveu a Lourdes Gomes. Peçam licença a Dom Octávio para Gabriel vir também.
> Vou terminar, porque estou com vontade de passar uns pitinhos por não responderem minha carta.
> Até breve. Recomendações a todos.
> Receba, com mamãe, muitas saudades e o coração afetuoso da filhinha.[1]

Na verdade, anteriormente, Giselda havia confidenciado aos pais seu desejo de o vestido fosse feito numa das casas de noivas mais famosas do Rio de Janeiro, a Casa Suzana. Com o tempo abreviado, Manoel só conseguiu comprar no Rio de Janeiro uma excelente seda, mas não haveria tempo hábil para sua confecção na citada Casa. Enviou o tecido ao Carmelo, como a própria filha havia recomendado. As Irmãs, vendo tão lindo tecido, já vislumbraram nele o novo paramento para a Capela do pobre Carmelo. Madre Ângela chamou Irmã Maria Inês, que era costureira, e a orientou para dobrar o tecido, dar alguns pontos e cortar somente as mangas, de modo que o "vestido" pudesse depois ser desmanchado e utilizado para uma casula. No dizer da própria Maria Imaculada, ficou uma "marmotice", mas assumiu que Deus permitira isso para purificar seus pecados de vaidade.

No entanto, o incidente não diminuiu a alegria daquele grande acontecimento: se o vestido de noiva fora sonhado, muito mais o fora o santo hábito do Carmelo, com o qual agora se via revestida e com um nome que significava um carisma e uma missão: Irmã Maria Imaculada da Santíssima Trindade.

[1] Maria Giselda Villela. **Carta a Manoel Villela.** In: Arquivo Carmelo da Sagrada Família. Epistolário Ativo, pasta M-15.

Vestida de noiva

Noviça

Inicia seu noviciado com todo o fervor, como o marco de uma vida realmente nova. Como Santa Elisabeth da Trindade, que ela muito admira, sua atração é adorar aos Três presentes em seu coração. Todo o esforço na guarda do silêncio é para concentrar a atenção neste mistério de Amor. O Carmelo é uma Ordem mariana e Irmã Maria Imaculada se vê feliz ao trazer em seu nome um dos mais belos privilégios de Maria. Cresce na intimidade com Ela, tomando-a como seu exemplo de vida. E na Solenidade da Ssma. Trindade seguinte à sua Vestição Religiosa, faz a consagração a Ela.

Apesar da perna inchada, com eventuais crises de erisipela, senta-se no chão como todas, participa dos trabalhos e de todos os atos comunitários. Diante do problema no estômago, faz uma novena a São Nicolau, pedindo a graça de poder seguir a Comunidade no jejum, que dura de 14 de setembro até a Páscoa do ano seguinte. E alcança a graça.

Luta constantemente com o "vulcão" que tem dentro de si, fortalecendo-se cada vez mais, dia a dia, na prática da humildade e da mansidão. É admiradora de Dom Barreto, que confidenciara às filhas carmelitas sua dificuldade no mesmo campo que Irmã Maria Imaculada, pois era extremamente colérico, e para combater esse defeito, fizera voto de mansidão.

O ano de noviciado passa rapidamente e ela é aprovada para a Profissão Temporária. Como era de costume, a noviça é submetida a um exame canônico, e responde a um questionário, feito a 2 de fevereiro de 1932:

> *1º. – O que veio fazer no Carmelo?*
> Vim ao Carmelo para fazer a santa vontade de Deus, para salvar minha alma, orar pelos Sacerdotes e pecadores e consolar a Jesus em seu Sacramento de Amor, desejando ser, com Ele, no silêncio de uma vida oculta, uma hóstia constantemente imolada no seu Divino Amor.
> *2º. – Quais são os meios que escolheu para alcançar esse fim?*
> Os meios foram: primeiramente grande devoção à Virgem Imaculada, honrando-a com algumas práticas de piedade, sobretudo aos sábados; o amor do silêncio e da oração; frequência aos Sacramentos e obediência ao meu guia espiritual.
> *3º. – Já conhece os sacrifícios e austeridades que tem a suportar não por um dia, mas durante a vida?*
> Nossa Mãe é quem sabe.
> *4º. – Sente coragem para a generosidade de corresponder ao chamado de Jesus?*
> Apesar de minha impotência, estou pronta para seguir Jesus, baseando-me nas palavras do grande São Paulo: "Tudo posso Naquele que me conforta".
> *5º. – Já conhece o peso da solidão e o sofrimento de viver isolada e recolhida em seu íntimo, isolando-se de toda a vida exterior, não só da vida passada no mundo, esquecendo-se de tudo e de todos, mas também da vida do convento, preocupando-se só consigo mesma, para vencer-se e alcançar virtudes?*
> Julgo já ter experimentado os efeitos dolorosos do isolamento e da morte ao mundo interior e exterior, mas, constato com sinceridade, serem esses os dias de maior recolhimento, oração mais fervorosa e união mais íntima com Deus.

6º. – Como promete cumprir a santa obediência aos Superiores, sejam eles quais forem?
A respeito da santa obediência, com a graça de Deus, desejo ser, nas mãos de meus Superiores, como um objeto qualquer, do qual se disponham sem temer nenhuma resistência, nem mostras de descontentamento. Para que minha obediência seja sobrenatural, pronta e alegre, procurarei ver sempre nos meus Superiores o próprio Jesus.
7º. – A renúncia de si mesmo pelos 3 Votos que faz perder todos os direitos, como ensina a suportar as privações da vida religiosa?
Essa renúncia me ensina a suportar as privações da vida religiosa com alegria e amor, porque renunciando tudo pelos santos Votos, tenho direito apenas às privações.
8º. – Como se julga na Comunidade?
Como indigníssima de fazer parte dela e como uma pesadíssima cruz para meus Superiores e minhas Irmãs.
9º. – Como olha as suas Irmãs?
Como Esposas de Nosso Senhor Jesus Cristo de quem não sou digna de beijar os pés.
10º. – Quais os seus deveres para com a comunidade e para com as Irmãs em particular?
Meu primeiro e grande dever para com a Comunidade é imensa gratidão por ter admitido e sofrer em sua santa companhia minha pobre pessoa. Esta impõe-me a obrigação de ser respeitosa, atenciosa, submissa, caritativa, dedicada até o sacrifício, se necessário fosse, para com meus Superiores e todas as minhas Irmãs.[2]

A Profissão se realiza a 13 de abril de 1932. Neste dia, faz o voto de arauta de Maria. Voto do qual ela nunca fala, mas pratica: sempre, em suas exortações em conselhos, Maria era a feliz presença obrigatória, de forma natural e profunda.

[2] Irmã Maria Imaculada da Santíssima Trindade. **Questionário de Sóror Maria Imaculada feito antes da Profissão.** In: Arquivo do Carmelo da Sagrada Família. Documentos Religiosos, pasta M-24.

No dia de sua Profissão Temporária

Logo Madre Ângela a coloca como "Anjo do Noviciado", isto é, auxiliar da Mestra de Noviças. Auxilia na rouparia, nas pinturas e em tudo o que a solicitam. Nesse período, tem uma grave crise de erisipela, e Dr. Arlindo, médico do Carmelo, dá-lhe somente dois meses de vida. Disse à Madre Ângela:

– O que a sustenta é a cabeça; o corpo é frágil. Mas a cabeça é potente, e assim vai vencendo as dificuldades.

Vence-as de forma que ninguém esperava, pois mais uma vez se restabelece.

No ano de 1933, Gabriel, seu irmão, transfere-se do Seminário Diocesano de Pouso Alegre para o dos Redentoristas. Nasce, a 24 de fevereiro, seu primeiro sobrinho, Guy, filho de Rita, que se casara com Atílio Paschoal, abandonando a faculdade de farmácia que ela iniciara.

Chega, finalmente, o ano de 1935, quando Irmã Maria Imaculada é admitida à Profissão Solene. A cerimônia se realiza no dia 13 de abril, sábado anterior ao Domingo de Ramos, e a Tomada de Véu, no dia 27 seguinte, sábado dentro da Oitava da Páscoa. Antes que a neoprofessa pronunciasse seus votos, era costume que Priora lhe dirigisse algumas palavras. Madre Ângela, conhecendo a alma de sua filha, disse-lhe então:

> Minha filha, neste feliz dia de sua santa Profissão solene, deve a sua alma se dilatar em amor, rompendo-se em cânticos de ação de graças pelo benefício da misericórdia de Deus, que desceu até a sua pequenez, e depois de a ter elegido entre muitas, chamando-a para o seu serviço, acaba de escolhê-la, tomando-a para si, concedendo-lhe a graça privilegiada e misteriosa das núpcias divinas.
> É com razão que a alegria se manifesta de seu reconhecimento e pode bem dizer a todo o universo com o salmista: "Vinde, ouvi, todos que temeis a Deus e eu vos marcarei o quanto Ele fez à minha alma. Vinde e vede as obras de Deus!" (Sl 65,16 e 5)
> Os anjos cantam e adoram a divina Misericórdia, os Santos se alegram e amam o amor de Deus pelos homens e o Criador é glorificado pela conquista de Jesus Crucificado, que atrai as almas, arrebatando-as do mundo, inebriando-as do amor de sua Cruz tornando-as partícipes da grande obra Divina da Redenção da humanidade. Vossa caridade é um troféu da vitória de Jesus sobre o mundo...
> O divino Mestre antevia esta hora, minha filha, quando animava os apóstolos, dizendo-lhes: "Eu venci o mundo!" Foi bem Jesus quem preparou a sua alma e depois de tê-la chamado pelo seu amor, colocou-a no seu manso santuário do Carmelo, e agora, qual coroa de glória, sela o seu triunfo, recebendo-a em seus santos votos solenes, inteira e perpetuamente: "até a morte". Até a morte, para começar a ser, por toda a Eternidade! Tudo foi Jesus quem fez, deixando à sua parte somente a correspondência, na sua resposta ao divino chamamento, apoiada sobre o Coração Imaculado de Maria: "Ecce Ancilla Domini".

Sim, minha filha, a sua resposta agradou o "Altíssimo, que exaltou a humildade de sua serva" e a torna feliz nesta hora, para sempre ditosa. Tomo como lembrança desta festa (a maior de sua vida), como um sinal indelével a marcar cada dia do seu Carmelo, e como um farol do porto da santíssima vontade de Deus, a projetar uma réstia de luz nas ondas do mar de seu ser espiritual, guiando a barquinha do seu coração para o Divino Amor, tomo em nome da Santíssima Virgem a sua resposta, fazendo dela o presente de meu interesse de mãe pela sua alma, que Jesus me confiou, para ser uma arma em seus combates, um consolo em suas penas, uma luz em suas dúvidas, um estímulo à sua coragem, a senda do seu espírito, a paz do seu coração: "Eis a escrava do Senhor". Faça, filha, desta divisa, uma vida de perfeição, transformando-a em obras. Em todas as ocasiões que Deus queira a cooperação de sua vontade para agir em sua alma, purificando-a para produzir mais frutos, enviando-lhe o trabalho, a contradição, doença, não pare ante a dificuldade, não olhe atrás, mas, resoluta, firme, cheia de amor confiante, responde à espera de Deus a sua divisa de hoje. Em todas as ordens recebidas, em todos os ofícios, em todas as posições de seu trabalho, em qualquer disposição física ou espiritual, sempre em santo abandono, abrace o Divino Esposo Crucificado e, como Ele, saiba se imolar, sofrer, amar, glorificar o Pai Celeste, repetindo sempre: "Eis a escrava do Senhor!"

Nesta santa disposição, minha filha, poderá preencher o vasto ideal da verdadeira carmelita: "santificar-se num perfeito aniquilamento de si, exaltar a glória divina, sustentar a Santa Igreja, formar santos sacerdotes, fazer descer do Céu bênçãos de misericórdia sobre a terra inteira, salvar almas! Num perfeito abandono, numa prontidão enérgica, num cumprimento sem restrição da resposta do seu coração à escolha de amor de Jesus, em seu "eis a escrava do Senhor" concretizará o perfeito cumprimento das promessas da sta. Profissão solene: a santa pobreza será cumprida com amor, abrangendo o exterior, as vestes, a alimentação, o espírito, num desnudamento completo, desapego sublime, porque "a serva não é mais do que o Mestre" e o Mestre está despojado de tudo, abandonado, humilhado, ferido, agonizante sobre a Cruz; e esse Mestre é o Escolhido de seu coração, é a sua herança...

A santa castidade será a branca coroa de sua glória, sendo a veste pura da virgem consagrada ao Divino "Lírio dos vales", ao puro Jesus, Filho da Maria Imaculada, pois "a serva do Senhor" alimenta-se das delícias do Coração Sagrado do Esposo, ama e vive Dele e para Ele só... cultiva o seu coração, fazendo crescer belos os brancos e perfumados lírios da pureza, para recrear o Esposo, embora lhe custe mágoas os espinhos das renúncias precisas para fechar o jardim do seu amor...

A santa obediência se fortalece, purifica-se, estende-se, eleva-se e vai "até a morte e morte de cruz", porque a alma está sempre pronta, quando diz sempre: "Eis a escrava do Senhor!"

Minha filha, ame todas as virtudes, exercite-se em todas elas, mas faça da obediência a luz de sua alma, para estar certa sempre que cumpre a santíssima vontade: espiritualize a obediência em inteiro espírito de fé, vendo Deus em todas as ordens, em todas as determinações, custe o que custar!

Sendo esse dia tão solene de sua vida marcado em tempo da Paixão de Jesus, e todas as imagens dos santos estão cobertas, parece um indício do querer do amor de Jesus em fazer de vossa caridade uma verdadeira "esposa da cruz", uma Carmelita do verdadeiro espírito, uma hóstia de puro louvor, e velada a todos os olhares, em inteira humildade, pequena, escondida aniquilada no silêncio, no recolhimento, na oração, só para Jesus...

Minha filha, tenha uma desconfiança de si, e na sua fraqueza, apoie-se no divino Esposo, e sempre fiel em sua divisa: "eis a escrava do Senhor", una a sua voz à de Maria, na sua sublime humildade que lhe mereceu a grandeza da maternidade divina, e faz o Verbo Eterno baixar do Céu, e com essa Mãe incomparável, será doce o viver, e mais doce ainda morrer, porque dos braços de

> Maria passará aos braços de Jesus.
> Que Nossa Santa Madre Teresa de Jesus receba-a como uma verdadeira filha e a faça trilhar a senda do amor generoso e imolado.
> Vem, filha, por Maria, vem ser de Jesus![3]

A Priora teve o cuidado de guardar as pétalas das rosas colocadas sobre o tapete onde Irmã Maria Imaculada se prostrou, na cerimônia. Faria o mesmo para todas?

Este "fiat" sem reservas seria mantido por toda a vida, sem esmorecimento. Quando Deus encontra uma alma com tais disposições, associa-a ao mistério da redenção do mundo, por meio da participação na Cruz de seu Filho.

Quatro meses depois, Rita, sua irmã, falece vítima de febre puerperal, após ter dado à luz Maria José. Manoel e Maria tomariam conta dos dois netos.

No ano seguinte, com 27 anos, Irmã Maria Imaculada é eleita Subpriora, cargo que ocupará até a fundação do Carmelo de Pouso Alegre. Nessa função, torna-se o braço direito de Madre Ângela. Auxilia-a na condução da restante construção do mosteiro, que só ficará pronto em 1940. Organiza a biblioteca e os livros oficiais do Carmelo. Coloca todos os seus dons e capacidades a serviço da comunidade. Mesmo em meio a tantas atividades, consegue manter o recolhimento interior e se empenhar numa profunda vida espiritual. Um dos seus caderninhos espirituais, daquela época, traz a devoção de visitar, a cada hora do dia, o sacrário de uma cidade ou paróquia, adorando nele a Jesus.

No dia 8 de dezembro de 1939, Irmã Maria Imaculada exulta com a Ordenação Sacerdotal de seu irmão Gabriel. Para a Celebração, bordou lindas alfaias. No mesmo dia, ele vem visitá-la. As Irmãs participam da alegria, indo ao locutório cumprimentar o neossacerdote.

---

[3] Madre Maria Ângela de Jesus, ocd. **Alocução na Profissão Solene de Irmã Maria Imaculada da Santíssima Trindade, ocd.** In: Arquivo do Carmelo da Sagrada Família. Documentos Religiosos, pasta M-24.

Padre Gabriel, no dia de sua Ordenação

Por essa época, começa a manifestar-se a doença de Genoveva. Em busca de mais recursos, a família muda-se – por pouco tempo – para Campinas. Nesse período, seu sobrinho Guy faz a Primeira Comunhão na Capela do Carmelo, numa Missa celebrada pelo Padre Gabriel, tendo Manoel como acólito. Pouco depois, a família retorna para Pouso Alegre.

Montagem fotográfica feita na época: Irmã Maria Imaculada, Guy, Maria Augusta, Padre Gabriel, Genoveva, Manoel, Maria José e Murilo, em frente da casa onde moraram, em Campinas

Em 1941, Lali, a amiga de Irmã Maria Imaculada, consegue realizar o seu sonho de ser carmelita. Entrara anteriormente em dois Carmelos, mas não conseguira ficar, por sua falta de saúde para a vida carmelitana. Mas não desistia. Sabia do costume da época de que, se uma jovem auxiliasse financeiramente na fundação de um Carmelo, poderia nele entrar e ficar, mesmo se não conseguisse seguir a Regra e Constituições em todo o seu rigor. Lali comprou um bilhete de loteria e, diante de uma imagem do Menino Jesus, com seus sobrinhos, fez uma novena, que consistia em dizer repetidas vezes: "Menino Jesus, eu quero! Menino Jesus, eu quero!" Sua fé removeu montanhas: o seu bilhete foi sorteado. Ela financiou a construção do Carmelo de Belo Horizonte e nele ingressou, levando consigo a imagem do Menino Jesus milagroso.

Sabendo do fato, Madre Ângela comenta com Irmã Maria Imaculada:

– Quando eu soube da fundação de Belo Horizonte, pensei que Lali fosse querer levá-la junto para lá.

– Que é isso, Nossa Mãe[4]? Deus me livre! Depois de tudo o que Vossa Reverência sofreu ao fundar este Carmelo, ainda pensa em mais fundações?

De fato, Madre Ângela, vendo o seu Carmelo jovem, mas repleto de vocações, sonhava em multiplicá-lo. Via um futuro pedido de fundação como resposta de que Deus estava contente com seu mosteiro. Um novo Carmelo, vez por outra, em tom de brincadeira, tornava-se assunto de recreio. Numa dessas ocasiões, Irmã Maria Teresinha, que também tinha saúde frágil, disse à Irmã Maria Imaculada:

– Graças a Deus somos sementes chochas! Não servimos para nada!

– É verdade, Deus seja louvado! Disto estamos livres!

Irma Maria Imaculada amava profundamente sua Comunidade e jamais quis deixá-la.

Parte da Comunidade de Campinas. Irmã M. Imaculada está à esquerda, na fila de baixo

[4] Título dado geralmente nos Carmelos às fundadoras.

IV

A FUNDAÇÃO DO CARMELO DA SAGRADA FAMÍLIA

Cada cristão,
quanto mais se santifica,
tanto mais fecundo se torna para o mundo.
(*Gaudete et exsultate*, 33)

Delfim Ribeiro Guedes, o companheiro de Giselda na Primeira Comunhão e de afã em prol das Missões, entrou para o Seminário Diocesano de Pouso Alegre e foi enviado para estudar em Roma. Porém, na Cidade Eterna, sérias complicações de saúde ameaçaram impedir sua Ordenação Sacerdotal. Em seu sofrimento, recorreu a Santa Teresinha, prometendo-lhe que se ela alcançasse de Deus a graça de sua Ordenação, iria fundar dois Carmelos. A graça foi alcançada: no dia 25 de outubro de 1931, foi ordenado sacerdote, em Roma. De volta para o Brasil, foi vigário em Itajubá e Maria da Fé e, depois, reitor do Seminário Diocesano de Pouso Alegre e nomeado Cônego.

Residindo em Pouso Alegre, é assíduo ao lar dos Villela, seus conterrâneos, a ponto de ser convidado para ser o padrinho de batismo da pequena Maria José. Muito ativo, Cônego Delfim reúne em torno de si um laicato comprometido com a Igreja local. Vê, então, a oportunidade para fundar seu primeiro Carmelo. A isso se acrescenta que uma de suas dirigidas espirituais, Dona Sinhá, era proprietária, juntamente com suas irmãs, da espaçosa residência localizada ao lado da Igreja de Nossa Senhora do Rosário e São Benedito. Ignorando os projetos de Cônego Delfim, queriam doá-la para a fundação de um Carmelo. Dona Sinhá o confidencia, pedindo seu auxílio. A Providência Divina começa a juntar as peças de seu desígnio! Aquela era exatamente a casa profetizada por Lali.

Igreja do Rosário e casa que serviria para a fundação do Carmelo de Pouso Alegre

Na pequena Pouso Alegre, os rumores de um futuro Carmelo começam a se espalhar. Genoveva, numa visita à Irmã Maria Imaculada, fala-lhe sobre o boato. Discreta, ela se cala e reza.

Dom Octávio Chagas de Miranda, Bispo de Pouso Alegre, estava em Campinas, restabelecendo-se de uma cirurgia que aí fizera. Cônego Delfim lhe escreve:

> Exmo. e Revmo. Sr. Bispo Diocesano,
> Louvado seja Jesus Cristo!
> Antes de mais nada, peço a V. Excia. se digne abençoar-me. A finalidade desta é toda especial, pois venho cumprir um dever, que desejo seja muito grato ao coração de V. Excia.
> Foi sempre meu ardente desejo, e chega mesmo a constituir um ideal de minha vida sacerdotal, concorrer para a fundação de um Carmelo nesta cidade. Só num futuro muito remoto, porém, eu achava que essa aspiração poderia tornar-se realidade.

Os acontecimentos tomaram, entretanto, rumo diferente. Pessoas bem intencionadas, das mais conceituadas da cidade, estavam a par de meu desejo. Percebendo estas que a casa a ser doada para o possível Carmelo estava na eminência de ser vendida, de acordo comigo, resolveram negociar a casa.

Trata-se da moradia do Cel. Joaquim Ribeiro de Abreu, ao lado da Igreja de Nossa Senhora do Rosário. O negócio teve a aparência de compra e venda, mas, na realidade, só há mesmo doação. Esta doação foi feita à Diocese para que V. Excia., em tempo oportuno, se digne aproveitar para a fundação do Carmelo.

Sei, Exmo. Sr. Bispo, que é mais uma série de trabalhos para V. Excia. Rogo, entretanto, a V. Excia. se digne acolher bondosamente a nossa ideia. Nossa, digo, porque não é somente minha, mas também de pessoas que V. Excia. muito estima, cujos nomes não tenho autorização para declinar. O Carmelo será um ato contínuo de agradecimento a Deus, por termos a felicidade de ver V. Excia. completamente restabelecido.

V. Excia. terá a colaboração de ótimos elementos, prontos a todos os sacrifícios, caso nossa ideia tenha acolhida. Peço licença a V. Excia. para não citar-lhes, por ora, os nomes, pois desejam, por motivos bem justos, conservar-se, por enquanto, anônimos. Quanto a mim, sou, por certo, o mais inútil, mas desejo, caso V. Excia. o permita, trabalhar muito, de acordo com suas determinações.

A compra das casas e do terreno importou em 50:000$000 (cinquenta contos), elevando-se as despesas a 3:832$300. Quanto a este dinheiro, V. Excia. nenhum trabalho terá, porque retornará integralmente, estando este retorno completamente assegurado. Conheço bem a orientação atual de V. Excia. de encaminhar todos os recursos para a construção da nova Catedral. Mas esse dinheiro do Carmelo só seria oferecido para o Carmelo ou Instituição semelhante, pelo que me apressei em fazer a aquisição das casas e do terreno.

Alimentamos firme esperança de que V. Excia. se dignará apoiar-nos, pois queremos, confiados na bondade divina, fundando o Carmelo da Sagrada Família, facilitar o trabalho pastoral de V. Excia., mediante mais copiosas graças divinas, alcançadas pelas orações e penitências de almas santas consagradas a Deus.

Permita-me V. Excia. esclarecer que unicamente apareceu, como comprador, o nome do Sr. Villela. Os outros nomes, que poderiam figurar no negócio, estão em completo sigilo, pois as pessoas interessadas não desejam que apareçam de modo algum, receando prudentemente empecilhos e tempestades no seio das próprias famílias.

É ainda desejo dessas pessoas que as Irmãs Carmelitas venham do Carmelo de Campinas. Ficaremos sumamente satisfeitos se V. Excia. puder conceder-nos que a Igreja do Rosário sirva para Capela do Mosteiro. Quanto à manutenção do Carmelo, nenhuma dificuldade advirá, porque haverá legados para esse fim.

Sendo nosso plano aparentemente tão arrojado, não sei mesmo que impressão poderá causar a V. Excia., mas, caso V. Excia. não o ache viável, apresso-me em adiantar que nenhum prejuízo advirá daí para a Diocese, por ter sido já prevista no negócio toda a hipótese possível.

Expus a V. Excia., com toda a sinceridade, o nosso plano, deixando apenas de esclarecer certos pontos não necessários, por enquanto. Esperamos que V. Excia. se digne acolher benignamente nossa ideia e, nessa persuasão, beijo reverente seu sagrado anel, firmando-me,

Humílimo filho em Nosso Senhor,

Cônego Delfim R. Guedes[1]

Dom Octávio reza e vê o dedo de Deus neste pedido. No entanto, sabe, sigilosamente, que a cabeça do projeto, Cônego Delfim, está para

[1] Cônego Delfim Ribeiro Guedes. **Carta a Dom Octávio Chagas de Miranda** (sem data). In: Arquivo do Carmelo da Sagrada Família. Documentos Religiosos, pasta M-24.

ser nomeado Bispo. Isso significa que ele, Dom Octávio, teria que arcar com todas as responsabilidades da empresa, ao lado de todas as outras iniciativas que ele promovia, entre as quais, a reconstrução da Catedral. Visita, então, Dom Paulo de Tarso Campos, Bispo de Campinas, expõe-lhe o projeto, pede seu consentimento e um grupo de carmelitas para a fundação. Dom Paulo aceita prontamente.

O segundo passo foi a visita ao Carmelo de Campinas e a entrevista com a Priora. Madre Ângela se comove frente ao pedido, vendo nele uma resposta divina ao seu desejo de expandir o Carmelo. Na conversa, Dom Octávio lhe solicita que, se possível, sejam enviadas monjas pertencentes à sua Diocese. A Priora responde que consultaria o Capítulo do mosteiro, e feito isso, daria-lhe a resposta definitiva. Dias depois, as Capitulares do Carmelo aceitam a fundação. A decisão é comunicada a Dom Octávio, que a transmite a Cônego Delfim. Este vem, com muita alegria, celebrar uma Missa no Carmelo de Campinas e conversar com a Priora.

A 5 de dezembro desse ano (1942), Madre Ângela envia a Dom Octávio o nome das fundadoras: Irmã Maria Imaculada da Santíssima Trindade, Irmã Maria Conceição das Cinco Chagas, Irmã Maria Cristina do Espírito Santo e Irmã Maria Madalena do Precioso Sangue. Propõe, como Priora, a mais jovem do grupo, que contava então com 33 anos de idade e 7 de Profissão solene: Irmã Maria Imaculada. A escolha foi confirmada por Dom Octávio.

Irmã Maria Imaculada, frente a tão grande missão, mais uma vez, pronuncia o seu "fiat". Segundo o que contaria depois às suas filhas, foi-lhe mais doloroso deixar o Carmelo de Campinas do que sua família, que ela também amava extremamente. Mas não ficou parada nem na dor da futura separação, nem na consciência de sua pequenez, de sua saúde frágil, das fraquezas que ela conhecia em si e no grupo de Irmãs que a acompanhariam. Desde então, manifesta-se o que seria uma "marca registrada" de Irmã Maria Imaculada: o seu olhar sobrenatural. Sabia que a obra não era sua, mas de Deus.

Arregaçou as mangas. Sua primeira preocupação foi a de ser guardiã do carisma teresiano. Empenha-se na tradução e cópia de livros e cadernos de antigas Madres da Ordem, escreve a várias prioras, interrogando-as sobre diversos aspectos da vida cotidiana das carmelitas, descendo a detalhes, como o cardápio. E, sobretudo, reza. Reza para que Deus lhe dê a graça do discernimento de Sua vontade e de realizá-la, em cada momento, em cada acontecimento ou decisão, ali e no novo Carmelo. "Somos Dele e Ele pode fazer de nós o que quiser", escreveria ela.

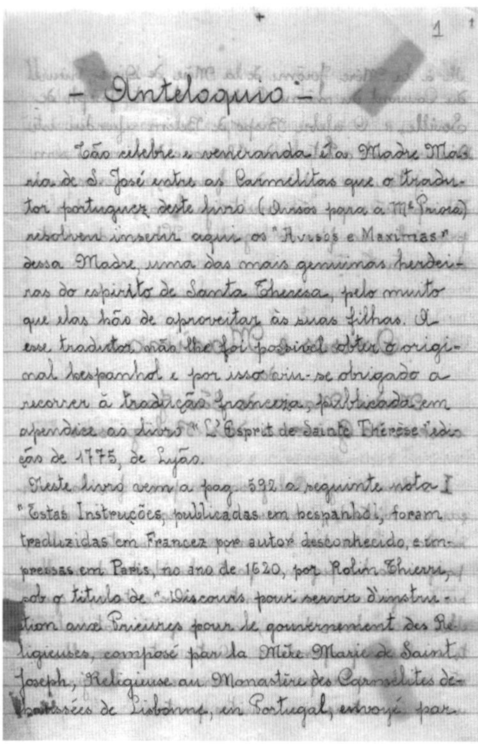
1

– Anteloquio –

Tão celebre e veneranda é a Madre Maria de S. José entre as Carmelitas que o traductor portuguez deste livro (Avisos para a Mᵉ Priora) resolveu inserir aqui os "Avisos e Maximas" dessa Madre, uma das mais genuinas herdeiras do espirito de Santa Theresa, pelo muito que elas hão de aproveitar às suas filhas. A esse traductor não lhe foi possivel obter o original hespanhol e por isso viu-se obrigado a recorrer à tradução franceza, publicada em apendice ao livro "L'Esprit de Sainte Thérèse" edição de 1775, de Lyão.

Neste livro vem a pag. 592 a seguinte nota I
"Estas Instrucções, publicadas em hespanhol, foram traduzidas em Francez por autor desconhecido, e impressas em Paris, no ano de 1620, por Rolin Thierri, sob o titulo de "Discours pour servir d'instruction aux Prieures pour le gouvernement des Religieuses, composé par la Mère Marie de Saint Joseph, Religieuse au Monastère des Carmélites de[illegible] de Lisbonne, en Portugal, envoyé par

Primeira página de um dos cadernos compilados nessa época

A doação da casa para o Carmelo não pôde se efetuar da forma como se planejara, por motivos particulares de família de Dona Sinhá, e também o retorno da quantia empregada em sua compra ocorreu, não conforme se esperava, mas foi-se fazendo aos poucos.

Com o fim de conscientizar o povo sobre a finalidade de um Carmelo numa Diocese e despertar também a generosidade dos católicos para a fundação, Cônego Delfim convoca várias reuniões e promove uma campanha de trabalhos e orações. É montado um "rosário vivo" na intenção da futura fundação. Numerosas pessoas aderem, com a melhor boa vontade, a esse apelo e trabalham generosamente – espiritual e materialmente – para obterem logo um Carmelo em Pouso Alegre, chegando a dirigir a Dom Octávio um ofício com elevado número de assinaturas, solicitando-lhe que se dignasse pedir a devida licença à Santa Sé, prometendo comprometerem-se com a manutenção do mosteiro. Encabeça a lista de assinaturas Manoel Villela Pereira.

Inicia-se então o trabalho de adaptação da casa. Dom Octávio cede, como capela conventual, a Igreja de Nossa Senhora do Rosário, até então utilizada pela Confraria de S. Benedito.

Em meio a toda essa atividade, a 1º. de julho, Cônego Delfim é nomeado Bispo de Leopoldina, MG. Tinha que voltar o olhar e o coração para a nova missão que a Igreja lhe entregava. Porém os novos trabalhos e grande responsabilidade que assume não o fazem esquecer o empreendimento que prometera a Deus. É com maior empenho ainda que, com o auxílio de Dom Octávio, já restabelecido em sua saúde, e a cooperação de generosos voluntários, tudo faz para que antes de sua partida para Leopoldina o Carmelo esteja fundado, prometendo continuar a ter sempre por ele o mesmo interesse e dedicação.

Neste ínterim, Dom Octávio e Dom Delfim visitam o Carmelo de Campinas diversas vezes e conversam com as futuras fundadoras.

A Sagração Episcopal de Dom Delfim se dá a 3 de outubro, dia em que se celebrava a festa de Santa Teresinha. Sua posse em Leopoldina é agendada para o dia 31 do mesmo mês.

A fundação do Carmelo seria no dia 15 de outubro de 1943. Mas, no dia 10 desse mês, as Irmãs de Campinas são avisadas que não seria possível a sua partida no dia 14, como estava previsto, pois os trabalhos de adaptação da casa não estão concluídos, apesar de todos os esforços. Remarca-se a fundação para o dia 26 de outubro, com a chegada das Irmãs na véspera.

Começam a chegar a Pouso Alegre os caixotes contendo a "mudança" das Irmãs. Dom Octávio fez questão de estar presente na abertura deles, admirando-se da pobreza e simplicidade das monjas.

No dia 25 de outubro, aniversário da Ordenação Sacerdotal de Dom Delfim – Deus quis lhe dar este presente! –, em Campinas, após Missa conventual, é lida a Portaria de Dom Paulo de Tarso Campos dando licença para a saída das quatro Irmãs para a fundação do Carmelo da Sagrada Família. Reza-se o "Itinerário", oração própria para viajantes. Madre Ângela, com incontida emoção, dá sua bênção e o abraço a cada uma das fundadoras. Compreender o que significa um momento desses somente é possível a quem teve a graça e a alegria de viver numa família carmelitana descalça.

Com coragem e fortaleza, passando por cima do próprio coração, as quatro monjas atravessam a porta da clausura. Na portaria externa, esperam-na seus familiares, Padre José Nardim, Capelão do mosteiro, e uma multidão de amigos do Carmelo. Acompanham-nas até a estação ferroviária. Embarcam com elas Padre José Nardim e os familiares. A Companhia Ferroviária Mogiana e a Rede Mineira de Viação ofereceram às monjas e seus acompanhantes dois vagões especiais, reservados somente para eles.

A viagem, que hoje leva cerca de 2 horas e meia, dura 10 horas, passadas entre cânticos, recitação do terço, da Liturgia das Horas pelas monjas e longas conversas. Madre Maria Imaculada leva consigo a imagem de Nossa Senhora do Carmo, junto da qual todas as suas futuras filhas fariam a sua Profissão.

Finalmente, às 18h30, o trem para na estação de Pouso Alegre. Imensa multidão as espera, tendo à frente Dom Delfim, acompanhado de vários sacerdotes e de pessoas da comissão organizadora da fundação.

As fundadoras, ao chegarem, com Dom Delfim

Conduzidas em automóveis, dirigem-se à Igreja do Rosário, onde nova multidão aguarda sua chegada, recebendo-as carinhosamente, entre palmas e flores. São abençoadas por Dom Octávio Chagas de Miranda, que, cheio de alegria, apresenta as boas-vindas às novas filhas. Dirigem-se para o presbitério, entoando o "Laudate Domino". Mas era tanta gente, tanta admiração e tal o vozerio por verem as carmelitas fora da clausura, que os Bispos e Sacerdotes não ouvem o canto, e Padre Nardim, aflito, vem avisar Madre Maria Imaculada que é a hora de entoá-lo, julgando que tivessem se esquecido de fazê-lo. Ficou perplexo ao saber que já o tinham feito. Segue-se a Bênção do Santíssimo Sacramento, dada pelo Cônego Luiz de Gonzaga Ribeiro. Visitam o mosteiro, e a custo o povo se retira.

Depois da ceia, as Irmãs recitam as Matinas e recolhem-se nas celas, previamente preparadas. Provavelmente, até então, foi o dia mais agitado de suas vidas! Qual não foi o alívio ao se verem a sós, novamente, no silêncio!

Reza longamente e vai deitar-se. Mas... quem conseguia conciliar o sono? Um relógio de parede tocava fortemente a cada quarto de hora! Levantam-se e vão escrever para Madre Ângela e as Irmãs de Campinas as peripécias da viagem e da recepção em Pouso Alegre.

Quando Manoel chega, de manhãzinha para saber se as Irmãs necessitam de alguma coisa, sua filha lhe entrega o envelope, pedindo-lhe que o colocasse no correio.

Às 6h30, participam da Santa Missa, celebrada por Dom Delfim Ribeiro Guedes. Às 7h30, Dom Octávio celebra a Missa solene, que é participada por grande número de fiéis. Ao terminar, em palavras calorosas, manifesta o júbilo de todos, porque o Carmelo é "uma escola de grandes ensinamentos, como também uma fonte de grandes benefícios espirituais para todos, como casa oficial de oração, espécie de banco espiritual, onde todos têm crédito para atender às suas necessidades". Em seguida, agradece a todos que concorreram para a realização dessa grande obra, especialmente Dom Delfim e seus cooperadores, às Irmãs Carmelitas, bem como à Irmandade do Rosário, que cedera a sua Igreja para servir ao mosteiro.

Depois, Padre José Nardim lê o decreto da ereção do novo Carmelo, onde são feitas as seguintes nomeações: Irmã Maria Imaculada da Ssma. Trindade: Priora e Mestra das Noviças; Irmã Maria Conceição das Cinco Chagas: Subpriora; Irmã Maria Cristina do Espírito Santo: segunda Conselheira; Irmã Maria Madalena do Precioso Sangue: 3ª. Conselheira; Padre José Oriolo, Capelão; Padre Feliciano, Confessor ordinário; Padre Superior dos Missionários do Coração de Maria como Confessor extraordinário e o Sr. Manoel Villela Pereira como síndico do mosteiro.

Dom Octávio faz, então, a solene entrega das chaves à Priora, encerrando a cerimônia com o canto solene do "Te Deum", seguido da Bênção do Santíssimo Sacramento.

Dirigem-se todos para o mosteiro onde, após o café oferecido pela comissão aos Bispos, Sacerdotes e familiares das Irmãs, é feita por Dom Delfim a entronização do Sagrado Coração de Jesus. Madre Maria Imaculada faz a consagração à Nossa Senhora, tomando-a por Priora e Mãe do novo Carmelo:

> Todas nós, Religiosas deste Carmelo da Sagrada Família, reunidas em Comunidade, unidas de coração e espírito por um amor especial para com a Santíssima Virgem, à qual desejamos pertencer para sempre, em reconhecimento dos seus singulares benefícios da sua contínua proteção e dos grandes favores e assistência de que Ela foi sempre tão liberal para conosco, protestamos, em nosso nome e no daquelas que nos sucederem, reconhecê-La sempre por nossa Rainha, nossa Mãe e nossa Priora, submetendo-nos inteiramente ao seu poder, autoridade e conduta, desejando olhá-La, de hoje em diante, como nossa verdadeira Priora, nas pessoas que nos forem dadas para fazer suas vezes.
>
> Em testemunho de obediência que Lhe devotamos, mostrando assim que desejamos depender inteiramente de seu poder, oferecemos-Lhe o nosso coração, suplicamos que aceite a nossa devoção e faça reinar nesse Carmelo, como em lugar que Lhe é particularmente consagrado, seu Filho bem-amado, o santo Menino Jesus, e disponha soberanamente de tudo o que somos para a glória do seu divino Filho e a sua.
>
> E a fim de autorizar este ato, que desejamos deixar à posteridade, como prova autêntica do nosso amor e submissão a esta grande Virgem, que elegemos como nossa Priora, todas nós o assinamos com nossa própria mão, estando prontas, se fosse necessário, para assiná-lo com o mais puro sangue de nossos corações, que todas Lhe oferecemos com os nossos votos.
>
> Irmã Maria Imaculada da Ssma. Trindade
> Irmã Maria Conceição das Cinco Chagas
> Irmã Maria Cristina do Espírito Santo
> Irmã Maria Madalena do Precioso Sangue[2]

[2] O manuscrito traz a letra de Madre Ângela. Mas não se sabe se ela o compôs. **Eleição de Nossa Senhora como Priora perpétua do Carmelo da Sagrada Família.** In: Arquivo do Carmelo da Sagrada Família. Documentos Religiosos, pasta M-24.

Despedida a numerosa multidão que, comovida, forma fila para pedir a bênção das Irmãs, finalmente se fecha a clausura. As três Irmãs se recolhem em suas celas, e Madre Maria Imaculada vai rezar diante do Santíssimo Sacramento. O que pede? Sucesso para a fundação? Que não lhes faltasse vocações? Que não lhes ficassem a assistência religiosa ou necessário para a subsistência? Não. "Eu pedi a Jesus a graça, quando fundei o Carmelo da Sagrada Família, de poder honrar o título da Sagrada Família na alegria, na caridade, no amor. Que nós fôssemos para Deus o Lar de Nazaré. Eu pedi a Jesus que, se neste Carmelo as Irmãs fossem sem caridade umas para com as outras, que Jesus destruísse o Carmelo, que ele não fosse para frente", repetiria ela muitas vezes às suas filhas.

E assim está fundado o Carmelo da Sagrada Família, o novo lar do Menino Jesus. Começa agora a sua vida regular, renovando na terra a vida oculta e pobre de Nazaré, para o bem das almas e para a glória de Deus.

Após Vésperas, rezada na época às 14h, Madre Maria Imaculada reúne as Irmãs, exortando-as a confiarem em Deus e oferecer-Lhe todos os sacrifícios que a nova vida comportaria, para a salvação das almas. Faz, em seguida, a distribuição dos diversos ofícios do mosteiro entre as Irmãs. E Dom Delfim parte para Leopoldina dois dias depois.

Uma noite, as Irmãs se assustam com uma cantilena que vai se tornando cada vez mais forte, ao som de tambores: "Roubaram nossa igreja! Roubaram nossa igreja!" Rodeiam o Carmelo várias vezes e depois vão embora. A "cerimônia" se repete muitas e muitas vezes. Sempre a altas horas da noite. Eram os membros da Confraria de São Bendito, descontentes com o fato de "sua" igreja ser cedida para as monjas.

Algumas Irmãs sentem muito medo. Madre Maria Imaculada tenta encorajá-las, mas, no fundo, ela também teme que essas pessoas não fiquem somente no canto e na "procissão", e lhes façam algum mal, invadindo a casa. Por fim, com a oração, o silêncio das Irmãs e vendo que nada conseguiam, o grupo desiste de suas "procissões" noturnas.

A novidade dos primeiros dias passa. E a situação financeira não é tão fácil quanto foi prometida. Numa de suas cartas, Madre Maria Imaculada escreve ao fundador: "Quem são essas pessoas bem intencionadas, das quais Vossa Excelência falou a Dom Octávio na carta do pedido para a fundação, e o que se propunham dar para essa obra, pois só sabemos de Dona Sinhá?"

As Irmãs da primeira hora narram que nada lhes faltou, mas que o início foi de grande pobreza. Não tinham móveis, exceto uma cômoda e um armário sem portas. Tudo era guardado em caixotes.

Madre Maria Imaculada confia absolutamente na Providência Divina, mas essa confiança não a faz cruzar os braços, esperando que tudo caia do céu: arrenda parte do terreno do Carmelo, extramuros, para assim, angariar uma pequena renda; na outra parte, seu pai planta feijão e hortaliças para consumo das Irmãs. Quando Dom Octávio pensa em vender esse terreno em que a plantação acabara de ser feita, Madre Maria Imaculada se opõe, com a atitude que sempre lhe será característica nos conflitos: humildade aliada à firmeza.

Em janeiro de 1944, entra a primeira postulante, Maria de Lourdes Ribeiro, que não persevera, ficando por apenas 6 meses. O mesmo se dá com a segunda, que entra em fevereiro, Paraíba Adriana Romeiro da Silva.

Madre Maria Imaculada faz de tudo: atende ao locutório, dá formação às postulantes, ensina-lhes a fazer os trabalhos domésticos, cozinha, pinta... e limpa até o galinheiro. Um dia, Paraíba, não podendo conceber que a sua Priora, que tinha sérios problemas de saúde, fosse limpar o galinheiro, tranca-a, quando ela se preparava para a limpeza, num quartinho que havia no quintal. Ao se ver presa, Madre Maria Imaculada chama Paraíba, que faz de conta que não a ouve e limpa com energia o galinheiro. A prisão durou o tempo da limpeza. Paraíba a liberta só depois de tudo pronto. Que reação Madre Maria Imaculada tem? Ri da situação! Como repreender tão zelosa filha?

No dia 16 de julho de 1944, entra Maria Rita Campos Salles, prima de Madre Maria Imaculada: é a primeira a perseverar e lhe seria de grande auxílio, por toda a vida.

Irmã M. Madalena, Madre M. Imaculada, Irmã M. Teresinha (M. Rita), Irmã M. Conceição e Irmã M. Cristina

Na véspera do Natal de 1945, ingressa Namir Vieira Monteiro de Barros, que também será de grande ajuda para a Comunidade. Seguem-se outras vocações: algumas perseveram, outras saem após semanas, meses ou anos. A portaria do Carmelo não dispunha de acomodações para que a candidata ficasse um tempo que permitisse um discernimento vocacional mais profundo; ao mesmo tempo, os meios de transporte eram escassos e difíceis para permitir várias visitas da vocacionada. O discernimento era feito mais dentro da clausura do que fora.

Dom Delfim, apesar de todos os encargos como Bispo, procura sempre se fazer presente. Numa de suas visitas, a 15 de fevereiro de 1945, para a alegria de todas, nomeia Sta. Teresinha como Subpriora espiritual do Carmelo da Sagrada Família. Por outra parte, o relacionamento do nascente Carmelo com Dom Octávio sempre foi muito bom. Ele responde prontamente às cartas de Madre Maria Imaculada e atende a todas as necessidades que a jovem Priora lhe manifesta.

Dom Octávio

Dom Delfim

O seu calvário como fundadora inicia-se cedo: antes de completar seis meses de fundação, Irmã Maria Madalena pede-lhe para retornar ao Carmelo de Campinas. O processo de retorno foi longo. No dia 21 de maio de 1945 ela deixa Pouso Alegre. Nessa mesma época, a doença de Genoveva, sua irmã, agrava-se, causando-lhe muita preocupação.

Em maio de 1946, Namir adoece gravemente e fica às portas da morte. Nenhum profissional da área de saúde – médicos, dentistas, farmacêuticos – consegue descobrir a doença que acomete a postulante e a causa de sua altíssima febre. São semanas de sofrimento e noites em claro para Madre Maria Imaculada, ao lado do leito daquela filha. Por fim, tem-se a ideia de fotografar a postulante com o Hábito do Carmelo, que ela desejara ardentemente, pois vê-se que ela não viverá por muito tempo. Revestida do hábito, imediatamente Namir se vê curada. Dom Delfim, que fora avisado da doença da postulante, veio às pressas de Leopoldina, esperando encontrá-la à beira da morte e, para sua alegria, ela o recebe no locutório, sorridente, ao lado de Madre Maria Imaculada!

24/5/1946 – Irmã M. Cristina, Madre M. Imaculada, Irmã M. Conceição e Namir, vestida com o hábito

No segundo semestre de 1946, Irmã Maria Cristina manifesta o desejo de voltar também para Campinas. O retorno só se faz possível a 30 de março de 1948.

Madre Maria Imaculada mantém Dom Delfim sempre informado de tudo, como fundador que é do mosteiro. Mas muitas de suas cartas ficam sem resposta. Quando ele responde, várias vezes lhe pede perdão pela demora, devida aos vários compromissos episcopais. Diante dos acontecimentos desse período, ele lhe escreve, a 7 de março de 1947 (os grifos são dele):

> Ao ler a preciosa carta de V. Reverência, datada de 25 e 27 de fevereiro p.p., tive a impressão de que V. Reverência cisma que

> eu me tenha esquecido de rezar pelo nosso querido Carmelo, ao qual Nosso Senhor, em virtude de seus insondáveis desígnios, tem permitido tantas e tão grandes tribulações. Mas, virtuosa Madre Priora, não desanime, porque as tribulações não são enviadas para a morte moral do nosso Carmelo, mas para a glória de Deus. "Haec infirmitas non est ad mortum, sed pro gloria Dei, ut glorificetur Filius Dei per eam" (S. João 11,4). Posso assegurar-lhe que muito tenho pedido a Nosso Senhor, para que Ele venha em nosso auxílio, com a sua infinita misericórdia, e tenho certeza absoluta de que Ele virá no momento mais conveniente porque, como eu Lhe rogo na Santa Missa e pela Santa Missa, Ele não poderá deixar de atender-me.
> V. Reverência, mais e melhor do que eu, sabe que o nosso querido Carmelo não poderá ficar isento de tribulações, visto que foi nossa intenção colocá-lo no cimo do Calvário, desde o seu início. Sinto que alguém aí não tenha compreendido a razão de tantos sofrimentos. Rogo, entretanto, a Nosso Senhor que transfira os sofrimentos do Carmelo para a minha pobre pessoa, se isto for do agrado divino, para que V. Reverência tenha um intervalo de descanso e de paz. Quem me dera poder viver aí, bem perto do "Carmelo do Calvário"! Sinto continuamente os efeitos das preces e sacrifícios de V. Reverência e de suas filhas queridas e, infelizmente, V. Reverência e suas queridas filhas não sentem o efeito de minhas pobres bênçãos e orações... Deus seja louvado![3]

No entanto, nem tudo é tristeza, e as várias Vestições religiosas – de Maria Rita, com o nome de Irmã Maria Teresinha do Santíssimo Sacramento, a 2 de fevereiro de 1945; de Namir, com o nome de Irmã Maria Stella de Jesus Crucificado e da Eucaristia, a 28 de junho de 1946, de

[3] Dom Delfim Ribeiro Guedes. **Carta à Madre Maria Imaculada.** In: Arquivo do Carmelo da Sagrada Família. Epistolário passivo, pasta M-21.

Irmã Maria de Lourdes, Irmã Benedita Maria e de outras –, seguidas das respectivas Profissões Temporárias, são fonte de muita alegria, força e ação de graças!

A Comunidade é unida, alegre, fervorosa, transbordando vitalidade. Trabalham muito, pois a pobreza era grande, mas providencialmente as vocações são muito prendadas em bordado a ouro, pintura e confecção de alfaias.

Recreio no quintal

O sofrimento maior das Irmãs acontecia nas crises de erisipela de Madre Maria Imaculada, que a prostravam ao leito. Tão logo melhorava, era a primeira a se levantar e a última a se deitar.

Desde esse início, ela é procurada para aconselhamento e pedido de oração por leigos e sacerdotes. Passa horas no locutório, e depois... corre para dar conta de todos os afazeres. E Deus a abençoa com verdadeiros amigos, de todos os tipos.

A 22 de maio de 1946, aparece na portaria um senhor húngaro, Temistocler Chander, apelidado de "Quinista", que vivia sozinho e se voluntaria para auxiliar as Irmãs no que precisassem: era agricultor, encanador, pedreiro, um verdadeiro "multifuncional". Indagando sobre sua história, Madre Maria Imaculada se comove: ele teve que abandonar sua família, que se convertera toda ao Protestantismo e ele quis permanecer fiel ao Catolicismo. E não mais o aceitaram.

Esse homem simples seria de grande auxílio para o Carmelo. Desde essa data começa a prestar serviços para as Irmãs, e o fez – excetuando-se uma pequena pausa –, pelo resto de sua vida. Em gratidão, as Irmãs o chamavam de "Vô Quinista".

Em 1948 um senhor, fazendeiro e proprietário de um hotel, começa fazer algumas doações de alimentos ao Carmelo. Em 1949, ele abre uma pequena indústria de laticínios, e quem experimenta a primeira produção são as pobres monjas carmelitas. Nasce uma grande amizade entre Madre Maria Imaculada e o Sr. Fernando de Oliveira Côrtes, chamado, carinhosamente, pelas Irmãs de "Pai Fernando". Ele também se torna um colaborador multifuncional para as monjas: leva cartas ao correio, faz depósitos bancários, compras, orienta-as na criação de galinhas e na horta. Depois, terá um papel único na história do Carmelo da Sagrada Família.

Ao lado dessas duas figuras, surge um pequeno "exército" de amigos a toda a prova: João e Santa Andare, Jésus e Maria Auxiliadora Meyer Pires, Waldemar e Eva Junqueira, José e Teresinha Rangel de Almeida, Annita Faria, Paulo Silva, Vasco Vianna de Andrade e sua família e muitos outros.

No terceiro aniversário de fundação, na festinha comemorativa entre as Irmãs e postulantes, elas, reconhecendo todo o empenho e doação de si, sem reservas, de Madre Maria Imaculada, decidem, unanimemente, dar-lhe o nome de "Mãezinha". Apelativo que revela todo o carinho e gratidão que lhe devotavam, como também a consciência, desde esses inícios, de um carisma de formadora e educadora de almas. Escrevem a Dom Delfim, narrando o acontecimento e lhe enviam o programa da festinha. Ele lhes responde com muita satisfação:

> Arquivei, como tudo aquilo que vem daí, o programa da festa – encantadora festa – do dia 26 de outubro, com a qual se comemorou o 3º. aniversário da fundação de nosso querido Carmelo. Parabéns às exímias artistas. Que se repitam, de quando em quando, essas festas, que tanto alegram o Sagrado Coração de Jesus, como o coração de nossa "Mãezinha", cujo título lhe ficou tão bem in aeternum.[4]

O grifo é dele. E se tornou uma profecia, pois certamente nem ele, nem as Irmãs e muito menos Mãezinha poderiam supor a irradiação que este apelativo teria, no futuro.

As vocações eram cada vez mais numerosas. E a casa adaptada se tornava pequena para a crescente Comunidade. Mãezinha já pensava na necessidade do mosteiro regular. Mas... como? Com que meios? Mal conseguiam se manter... Volta, então, os olhos ao Céu, e escreve a Lali, já então Irmã Maria Gema Teresa do Menino Jesus e da Santa Face, pedindo que rezasse ao seu Menino Jesus milagroso nessa intenção. Ela, num gesto de extrema generosidade e desapego, envia-lhe a querida imagem! Foi com exultante alegria que as Irmãs recebem o seu Pequeno Rei no dia 3 de outubro de 1947.

Mãezinha com o Menino Jesus milagroso

[4] Dom Delfim Ribeiro Guedes. **Carta à Madre Maria Imaculada, a 28/11/1946.** In: Arquivo do Carmelo da Sagrada Família. Epistolário passivo, pasta M-21.

A pedido de Mãezinha, alguns anos depois, ela escreve o histórico do seu pequeno Menino:

> Histórico da imagem "milagrosa" do Menino Jesus da Lali... (assim foi batizada por minha família.)
> Em 1934, em São Paulo, fui procurada por uma amiga, Dona Hilda Nunes, já falecida, a qual me pedia favorecê-la com uma pequena imagem do Menino Jesus para a sua projetada fundação das Irmãs de Nossa Senhora do Perpétuo Socorro, na cidade de Jaboticabal, SP.
> Estávamos no mês de dezembro e desejava que ela chegasse para o dia 24 do dito mês. Fui satisfazê-la e adquiri a imagem pela insignificante quantia de 20.000, na Casa Santo Antônio, na Quintino Bocaiúva.
> Trazia pintura amarela e olhos castanhos, não de vidro.
> Dom Assis, Bispo de Jaboticabal, benzeu-a, na noite de Natal.
> No entanto, a Congregação ficou só no desejo, Dona Hilda quis que Irmã Maria José, ex-franciscana e principal iniciadora da obra, me devolvesse imediatamente a imagem.
> No primeiro domingo do Advento de 1935, recebi a célebre imagem. Mas... toda estragada, e mesmo sem uma das mãozinhas!...
> Com grande prazer mandei reformá-la e comecei a venerá-la, com todos os de minha família. Muitas graças e "milagres" foram obtidos de meu Menino Jesus milagroso. O mais visível e extraordinário foi a fundação do Carmelo de Nossa Senhora Aparecida, concedendo-me todos os meios materiais para iniciar a fundação e realizar enfim o meu suspirado ideal.
> Hoje, sou feliz no lugar que o "Senhor escolheu para mim". No céu, V. Reverência saberá quantos outros "milagrinhos" obtive do meu Menino Jesus! Quando pedia alguma graça, logo ficava sabendo do resultado... seus olhinhos tomavam uma cor tão diferente quando queria dar um sim ao meu pedido!

> Rapidamente espalhou-se a fama da "imagem milagrosa". Muitas pessoas solicitavam-no para novenas e estadias em suas residências. Tornou-se, então, disputado!
> Hoje, a preciosa joia pertence ao Carmelo da Sagrada Família, que saberá honrá-la sempre com carinho e fervor.
> Quero ainda dizer às Irmãzinhas desse Carmelo: se possuem tão mimoso presente, agradeçam muito à Mãe fundadora, pois se não fosse a grande amizade que tenho por ela, não teria a coragem de ficar sem meu querido Menino Jesus![5]

Mãezinha recebeu a imagem milagrosa entre os cânticos das Irmãs, levou-a ao coro, onde havia um altarzinho lindamente enfeitado, e fez a consagração da Comunidade ao Menino Jesus.

Alguns anos depois, mais uma grande provação aguarda Mãezinha: Madre Maria Conceição, sua Subpriora e única professa solene, deseja retornar a Campinas. Quando ela lhe comunica o seu propósito, Mãezinha sente o chão fugir-lhe dos pés. Nunca se sentira tão só. Reage. Nada deixa transparecer e responde à Madre Maria Conceição:

– Fique sossegada. Se Vossa Reverência quer assim, vou providenciar sua volta.

Madre Maria Conceição retorna a Campinas no dia 20/2/1950. As noviças nem podiam supor o que estava acontecendo. Mãezinha providenciou tudo sem que elas percebessem, para evitar sofrimento, pois a religiosa era muito querida por todas. A família veio buscar a Irmã, que retornou de avião.

[5] Irmã Maria Gema Teresa do Menino Jesus e da Santa Face. **Carta à Madre Maria Imaculada da Ssma. Trindade, a 31/5/1949.** In: Arquivo do Carmelo da Sagrada Família. Epistolário passivo, pasta M-21.

Mãezinha e Madre Maria Conceição

Em certo momento, Mãezinha chama as noviças na porta da cozinha, para verem um avião que passava. Disse-lhes:

– Estão vendo aquele avião? Madre Conceição está nele, retornando para Campinas.

Ela lhes deu a notícia com a maior serenidade. No entanto, só depois de muitos anos contou-lhes o seu sofrimento, por insistência delas.

Mãezinha fica, então, com 3 professas temporárias coristas: Irmã M. Teresinha, Irmã M. Stella e Irmã M. Lourdes; 1 professa temporária leiga: Irmã Benedita Maria; 2 noviças coristas: Irmã Maria Inês, Irmã Maria Regina; 1 noviça leiga: Irmã Rosa Maria; 3 postulantes: Ruth, Dila e Maria Aparecida.

Ela é aconselhada, por algumas Prioras, a suprimir a fundação e retornar para Campinas, levando consigo as noviças. Mas seu olhar, como de costume, não estava somente nos recursos humanos e materiais:

– Se esta obra é de Deus – e assim acredito –, Ele cuidará dela. Eu não desistirei. Eu confio Nele!

Alguns meses antes do acontecimento, ela havia escrito à Madre Nazareth, então Priora do Carmelo de Mogi das Cruzes, perguntando se não poderia vir auxiliá-la, pois contar apenas com uma professa solene era muito pouco! Mal sabia ela que ficaria também sem essa. Madre Nazareth lhe respondeu, a 8 de julho de 1949:

> Acabo de ler sua carta. É aos pés do S. Coração de Jesus, cuja imagenzinha mora em cima de nossa mesa, que venho responder e agradecer, ao mesmo tempo, a confiança que mostra em mim, convidando-me para ajudá-la.
> Vou falar-lhe com toda a intimidade de Irmãs que se querem muito. Uma coisa interessante: ao escrever-lhe pela última vez, sabe que tive esse pressentimento? Sempre tive muita pena de V. Reverência, tão só; aliás, sempre falamos nisto aqui, e achávamos que V. Reverência precisava de alguém para lhe ajudar. Mas não quero dizer com isto que eu sou apta. Ao contrário, sempre penso que Nosso Senhor me pôs no cargo para que eu aprendesse a ser uma humilde súdita.
> Estou pronta a tudo o que Nosso Senhor quiser de mim, se for esta a sua santíssima vontade. Pois é abandonando-nos à vontade de Deus e aceitando-a amorosamente que nos santificaremos, não é?
> Como lhe tenho muita amizade, digo-lhe que, se depender de mim só, estou pronta a ir lhe ajudar assim que terminar o triênio em setembro. Vamos, em todo caso, pedir muito a Nossa Senhora que conheçamos bem a vontade de seu divino Filho. Que tudo concorra para o bem de sua Comunidade. Que, se minha presença aí for verdadeiramente para a maior glória de Deus, que se removam todos os obstáculos que possam aparecer.[6]

[6] Madre Maria Nazareth do Menino Jesus, ocd. **Carta à Madre Maria Imaculada da Ssma. Trindade, ocd.** In: Arquivo do Carmelo da Sagrada Família. Epistolário passivo, pasta M-21.

Madre Nazareth chega somente a 22 de março de 1950. Mãezinha sente um grande alívio, que durará muito pouco: surge a fundação do Carmelo de Passos, e Madre Nazareth comporá o grupo fundacional, partindo, assim, em menos de seis meses, a 9 de setembro do mesmo ano.

Madre Nazareth, à esquerda

— V —

A CONSTRUÇÃO DO MOSTEIRO REGULAR

Os mansos «possuirão a terra», isto é,
verão as promessas de Deus cumpridas na sua vida.
Porque os mansos, independentemente do que possam
sugerir as circunstâncias, esperam no Senhor,
e aqueles que esperam no Senhor possuirão
a terra e gozarão de imensa paz.
(*Gaudete et exsultate*, 74)

"Deus olha e toma tudo em suas mãos" (cf. Sl 9B [10], 14b), dando Ele mesmo a fecundidade ao pequeno Lar de Nazaré. A 29 de junho de 1950, Irmã Maria Stella emite os seus Votos solenes, seguida por Irmã Maria Teresinha, que professa solenemente a 2 de agosto. Seguem-se entradas, Tomadas de Hábito e Profissões.

Mãezinha se multiplica entre locutórios, lavanderia, formação no Noviciado, limpeza, assistência a todos os atos comunitários... Vê com alegria seu pequeno rebanho crescer em número, consciência do carisma teresiano e responsabilidades. Vocações não param de aparecer. E a casa... está cada vez mais depauperada e insuficiente. A construção do Carmelo regular se faz necessária. Mas com que meios?

Surge, então, a ideia de fazer o mesmo que Lali. Compram um bilhete de loteria e fazem uma vigília, pedindo ao Menino Jesus a graça dos recursos financeiros para a construção do novo Carmelo. Finda a vigília, Mãezinha tem a certeza de que o Menino lhes dará o Carmelo, sim, mas não como o deu a Lali. De fato, o sorteio corre e o bilhete comprado não foi contemplado.

A custo Mãezinha consegue, a 25 de julho de 1951, a licença de Dom Octávio para procurar e comprar um terreno. Ele sabia da ausência de meios para isso. Às vezes, julgava a fé daquela jovem Priora como temeridade.

Mãezinha, acompanhada por seu pai, Irmã Maria Stella, do próprio Dom Octávio, Dona Santa Andare, Dona Annita Faria e Paulo Silva, sai para ver alguns terrenos, no dia 21 de agosto do mesmo ano. Volta a sair no dia 14 de setembro. E no dia 21 de setembro a compra foi efetivada. De que forma? Dona Annita conseguira o empréstimo do valor total com o Sr. José Rodrigues da Costa. Quando Mãezinha conseguiu angariar o valor da primeira prestação a ser paga, o Sr. José não quis aceitar: "perdoou" a dívida toda, isto é, doou o valor do terreno comprado! O Menino Jesus agia movendo os corações!

Irmã M. Stella, Mãezinha, Dona Aninha e Dona Santa Andare, numa das saídas para ver terrenos

Murilo, irmão de Mãezinha, casara-se com Neusa, que tinha um irmão arquiteto, o Dr. Ben-Hur Carneiro de Andrade. De acordo com o desenho e medidas que Mãezinha lhe enviou, ele fez o projeto e acompanhou a construção do Carmelo, gratuitamente.

Quando a planta chegou, Mãezinha mostrou-a e explicou tudo para as Irmãs. Foi uma festa! Mas não foi tão alegre assim a recepção de Dom Octávio. Vendo aquele ousado projeto, ele disse:

– Madre, como pode pensar nisso? A senhora não tem nada, e nós estamos construindo a catedral. Aqui, não poderá pedir nada, pois o povo já está muito sobrecarregado. Não há condições de começar esse "Vaticano"! É obra muito dispendiosa. É um absurdo!

– A única coisa que peço ao senhor é a licença. A obra é de Deus. Eu confio Nele. Não pedirei nada nesta cidade.

– Isto não é confiança; é tentar a Deus!

– Não se preocupe, Excelência. Só lhe peço a sua bênção...

E ele a concedeu.

Em meio aos afãs para o início da construção, no dia 1º de maio de 1952, Mãezinha é surpreendida com a notícia da morte repentina de sua irmã Genoveva, em consequência de insuficiência e colapso cardíacos. Faleceu em casa, em Belo Horizonte, para onde a família tinha se mudado, para proporcionar mais recursos ao seu tratamento de saúde e ficar junto de Murilo também, que já residia lá, e facilitar os estudos de Guy e Maria José. Mãezinha sofre muito com essa perda. Mas, mesmo assim, faz-se presente no recreio da Comunidade. Todas percebiam sua dor, mas ela estava ali, sorrindo e conversando.

Desejava iniciar a construção, mas não havia como. Novamente ela e suas filhas voltam o olhar para o céu e decidem eleger uma "Comissão Celeste Pró-construção". A eleição se dá no dia de Nossa Senhora do Carmo, numa programação muito solene, como foi registrado em ata:

Aos 16 de julho de 1952, realizou-se na sala de Comunidade uma sessão solene para eleição dos patronos e comissão pró-construção do Carmelo da Sagrada Família. Presidiu a sessão nossa Priora Madre Maria Imaculada que, dando início à sua abertura, dirigiu-nos algumas palavras alusivas ao ato. Convidou-nos a nos voltarmos inteiramente para o Céu, para, numa confiança absoluta na Divina Providência e na bondade de nossos Irmãos bem-aventurados, elegermos os nossos patronos e advogados que deverão desempenhar os cargos para os quais forem eleitos. Devemos nos abandonar à Providência paternal de Deus, tudo esperar de sua Misericórdia Infinita que, por intercessão de nossos protetores, enviar-nos-á os meios para a construção. Ao lado do Carmelo material, devemos trabalhar na construção do Carmelo espiritual, do qual somos as pedras vivas, os alicerces dessa obra construída para a maior glória de Deus.

Em seguida saudamos nossa Mãe e Rainha com o hino "Ao Coração de Maria". Após termos invocado as luzes do Espírito de Amor com um "Veni Sancte Spiritus", procedeu-se às eleições dos patronos celestes designados por Deus a nos auxiliar nessa obra. As fichas foram recolhidas, deixando-se para um dia previamente determinado a apuração e a solene tomada de posse dos membros eleitos.

Seguiu-se a Coroação de Nossa Senhora do Carmo, sendo coroantes Irmã M. Lúcia e Irmã Maria Teresa. Como prova de filial devoção entoamos o canto "Ó Virgem Santa".

Nossa Revda. Madre apresentou-nos alguns obséquios a que, por voto secreto, quiséssemos oferecer a Nossa Senhora até a transladação para o Carmelo novo. Após a votação, entoamos a Jesus, nosso Deus, nosso Esposo e nosso Tudo: "Jesus é para mim tudo na vida".

Verificou-se em seguida que, dentre os cinco obséquios propostos, foi escolhido a "hora santa" das 23h à meia-noite, nas 1as quintas-feiras ou, se por qualquer motivo não se realizar nessa ocasião, em qualquer outro dia do mês.

> E, como filial gratidão e reconhecimento, entoamos com Maria o seu cântico de ação de graças: "Magnificat".
> Nossa Revda. Madre fez a leitura dos patronos honoríficos que foram escolhidos para os vários cargos, a qual conserva-se guardada no arquivo do Convento.
> Como 10º e último número, tivemos o canto: "Eu te amo Maria!"
> Nada mais havendo encerrou-se a Sessão.
> Para constar, lavrou-se a presente ata, lida e aprovada. Será assinada por nossa Revda. Madre Priora, Revda. Madre Subpriora e pela primeira de nossas Irmãs chamada por Jesus ao nosso Carmelo.
> Irmã Maria Imaculada da Ssma. Trindade
> Irmã Maria Stella da Eucaristia
> Irmã Maria Teresinha do Ssmo. Sacramento
> Irmã Maria Teresa de Jesus, secretária.[1]

A tomada de posse é realizada no dia 20 seguinte, Festa de Santo Elias. As Irmãs foram bem generosas no número de participantes da Comissão:

> **Para Diretoria Máxima**: 1º) *Diretores,* sendo nomeados em primeiro lugar nosso Pai S. José; 2º lugar: S. Miguel; 3º lugar: Santo Elias; e 4º lugar: Sta. Madre Teresa.
> Para *Presidentes*: 1º S. Pedro e S. Paulo; 2º S. João da Cruz; e 3º Sta. Teresinha. Secretários: 1º São Vicente de Paulo; 2º S. Antônio Maria Claret; 3º Sta. Margarida Maria. *Tesoureiros*: 1º S. Antônio de Pádua; 2º S. José Cotolengo; 3º S. Benedito. *Inspetores de Obras*: 1º N. Senhora do Carmo; 2º Dom Barreto; 3º Madre Benedita. *Construtores*: 1º Sagrada Família, 2º S. Gregório Taumaturgo; 3º. Santo Tomás.
> **Para Comissão de Propaganda foram nomeados**: *Presidentes*: 1º S. Nicolau, Bispo; 2º Santo Expedito; 3º Sta. Catarina, Mártir. *Secretários*:

[1] **Livro de Atas Histórico-Festivas do Carmelo da Sagrada Família.** In: Arquivo do Carmelo da Sagrada Família.

1º Santos Apóstolos; 2º Santa Gertrudes; 3º São Sebastião. *Tesoureiros*: 1º S. Joaquim e Sant'Ana; 2º São João Bosco; 3º Santa Filomena. **Comissão de Festas:** *Presidentes*: 1º Santa Cecília; 2º Santos Inocentes; 3º Jacinta e Francisco. *Secretários*: 1º Santa Maria Madalena; 2º São Francisco Xavier; 3º Santa Catarina de Sena. *Tesoureiros*: 1º Irmã Maria de Jesus Crucificado; 2º S. Clemente, Mártir; 3º S. Francisco de Assis, 4º Santa Inês.[2]

Chega, então, às mãos das Irmãs uma estampa do Menino Jesus entrando por uma porta aberta, com os dedinhos como que chamando uma pessoa. Encantam-se com o seu rostinho de criança travessa e têm a ideia de multiplicar a estampa e enviá-la por todo o Brasil, pedindo esmolas, uma vez que não o podiam fazer em Pouso Alegre. Milhares de cartas são enviadas, com um texto no verso, no qual o Menino Jesus pedia um auxílio para a Casa da Sagrada Família, prometendo, em troca, Sua Presença e as bênçãos de Maria Santíssima e São José.

†

O Divino Esmoler a ....

Olhai-me! Sou o Pequenino Rei do lar de Nazaré! Bato à porta de vosso coração pedindo-vos um auxílio para construir o meu novo Lar: a Capela do Carmelo da Sagrada Família de Pouso Alegre! Podeis resistir aos encantos de vosso Reizinho que vos estende a Mão?!...

Atendei-me! E em recompensa o meu Divino Sorriso iluminará Vossa vida, transformando em flores os espinhos do exílio, e constituindo o penhor seguro de vossa Felicidade.

Com as bênçãos de meus santos Pais-São José e Nossa Senhora - a gratidão de vosso Deus, o

Menino Jesus

Carmelo da Sagrada Família
POUSO ALEGRE - MINAS
Com. aut. DIOCESANA

Menino Jesus Esmoler original, no qual Irmã M. Regina e Irmã M. Teresa se inspiraram para pintar o Menino Jesus do Carmelo da Sagrada Família

[2] Ibidem.

E começam a chegar as esmolas, de variados valores, mas nunca de uma quantia grande, que pudesse dar folga às preocupações da monja construtora. Parecia que o Menino queria dizer que a obra era absolutamente Dele, tijolinho a tijolinho.

No dia 9 de maio de 1953, Mãezinha e Irmã Maria Stella vão com Dr. Ben-Hur e Dr. Vasco Vianna de Andrade ao terreno para demarcar o local do prédio e o alinhamento da rua.

Havia um grande problema: não tinha água encanada no local. Perfuram o solo na esperança de encontrar água e fazer um poço. Após a escavação de 10 metros de profundidade, jorrou água! Era a sexta-feira seguinte à Solenidade do Sagrado Coração de Jesus. Por isso, esse poço recebeu o nome de "Poço do Sagrado Coração de Jesus" e continua jorrando água, até o presente.

A pedra fundamental é lançada a 28 de março de 1954. A chuva caía torrencialmente, mas não veio pôr limites à dedicação dos abnegados benfeitores, que armaram no local um altar improvisado, adornado de flores e velas. A Santa Missa é celebrada pelo Cônego João Aristides de Oliveira. Acabada esta, procede-se à bênção da primeira pedra. Enquanto isso ocorria, a imagem do Menino Jesus milagroso ficou exposta na Igreja do Rosário, durante o dia, com suas mãozinhas estendidas parecia deixar cair suas preciosas bênçãos sobre todos que vinham, numa visita de amor, trazer-Lhe sua contribuição para o Lar de Nazaré. Às 15 horas cantou-se o "Te Deum" em ação de graças e houve a Bênção do Santíssimo Sacramento.

Até então, tudo caminha muito lentamente. O dinheiro que Mãezinha consegue angariar, emprega-o, aos poucos, em comprar material básico: areia, pedras etc, que vão sendo depositados no local da construção. As obras são iniciadas realmente em maio de 1954. No dia 3, aparece no local, de manhãzinha, o Sr. Fernando.

Aquele homem de um gênio muito forte, firmeza e retidão, enfrentou, nessa época, um sofrimento muito grande. Ideias extremas chegaram a passar por sua mente. Mas imediatamente sentiu como que uma força segurando sua mão e veio-lhe ao coração a proposta: "Em vez de manchar suas mãos com sangue, empregue-as na construção do Carmelo". Ele procura Mãezinha, abre-se com ela, conta-lhe tudo. O relacionamento entre os dois se aprofunda e modifica sua vida.

Sr. Fernando deixa em segundo plano suas duas fazendas, seu hotel e a função de delegado, para se dedicar à construção do mosteiro. Tempos depois, vende o hotel. Entrega seus negócios nas mãos do Menino Jesus, o seu "Patrãozinho". E Ele cuida de tudo, pois seus empreendimentos prosperam: a geada caía em volta de sua fazenda, mas não atingia o seu cafezal; a peste ou outras doenças não feriam seu gado, que se multiplicava. Pai Fernando é o primeiro a chegar e o último a sair da construção, que é guardada pelo fiel Vô Quinista, durante a noite. Se vê um prego torto, jogado no chão, Pai Fernando pega-o, desentorta-o e o coloca no devido lugar. Não deixa perder nenhum material, por pouco que seja. Não só coordena as obras, os contratos e pagamentos dos operários, como ele mesmo puxa os materiais no carrinho de mão e, literalmente, põe as mãos na massa. Muitas vezes leva também os seus filhos para auxiliar. E continua ajudando Mãezinha no serviço de correio, compras e banco.

Ela o leva a uma vivência mais profunda da fé, é sua conselheira e amiga. Pai Fernando, por sua vez, é o conselheiro de Mãezinha nas obras, nas compras de materiais para a construção e em qualquer problema externo que acontecesse com o Carmelo. Quando chega ao canteiro de obras, a primeira coisa que Pai Fernando faz é ajoelhar-se diante de uma imagem do Patrãozinho, perguntando-Lhe o que e como fariam naquele dia.

Construção em 1954

Pai Fernando e Vô Quinista no claustro, quase pronto

De tempos em tempos, Pai Fernando pede que Mãezinha veja as obras e determine certos pontos que os construtores tinham dúvida sobre como agir. Foram poucas as saídas, pois Mãezinha era extremamente fiel à clausura. Desde a primeira saída, para procurar terrenos, até a transladação, ela saiu apenas 11 vezes. Um número muito pequeno, se se leva em consideração o tamanho e a complexidade da obra. Tanto quanto pode, ela resolve tudo por meio do locutório ou de bilhetinhos e cartas, que Pai Fernando conserva ciosamente.

Entra no vocabulário dessa monja de clausura toda a nomenclatura de alvenaria, hidráulica, eletricidade, administração de operários; eles tinham seguro de vida, num tempo em que, no Brasil, isso era raro. O Menino Jesus provê a tudo, mas por intermédio de meios humanos: Mãezinha pede verbas e subvenções ao Governo, Federal e Estadual. Vez por outra, faz um empréstimo bancário ou com amigos. Chega a escrever ao Presidente da República, Juscelino Kubistchek e sua esposa; pede isenção de frete para as mercadorias que compra em grande quantidade. Compra ferro diretamente na CSN (Companhia Siderúrgica Nacional, de Volta Redonda); vagões de cimento, para consegui-lo em preços menores, e negocia com os proprietários de casas de material de construção de Pouso Alegre o que a obra não consumiria em tempo hábil, para que nada se perca. Consegue doação de madeira do Paraná.

José Rangel e João Andare auxiliam-na nas compras, em São Paulo e Rio de Janeiro. Ambos conversam com os proprietários das lojas para conseguirem descontos. Mesmo assim, são muitas as dificuldades, pois, às vezes, os materiais não chegam no tempo previsto, ou não vêm na qualidade que se esperava, ou os preços extrapolam o que se previa. Irmã Maria Stella, que auxilia Mãezinha mais de perto na correspondência e contabilidade, fica preocupadíssima vendo a lista de materiais pedidos e as faturas chegando:

– Mãezinha, como vamos fazer? Não temos dinheiro! Iremos para a cadeia!

– Não se preocupe!... Já estamos presas! Basta colocar dois guardas nas portas e assim ficamos mais seguras!

E na hora do pagamento, juntam todas as esmolas e moedinhas e conseguem pagar. E o caixa fica zerado! Amigos promovem festas e leilões em Maria da Fé, Estiva, Ipuiúna e outros locais. Rifas e campanhas são feitas, numa criatividade sem par: concurso da "Rainhazinha do Menino Jesus", rifa de boneca, "Caderneta do Menino Jesus", campanha de novilhas para o "Gadinho do Menino Jesus"...

Paulo Silva, Supervisor do Banco da Lavoura, utiliza suas férias e fins de semana para trabalhar como servente de pedreiro na construção ou como motorista de caminhão, buscando cal em Alfenas e cerâmica em Campinas. Logo após a morte de Mãezinha, ele narrou de forma muito bela, a pedido das Irmãs, o seu envolvimento nesses dias abençoados, mas de tanto suor:

> Dona Santa começou a instruir-me sobre o significado, a importância e o privilégio da presença do Carmelo da Sagrada Família em nossa cidade, fundado em 1943, pela santa carmelita Irmã Maria Imaculada.
>
> A vibração e entusiasmo com que Dona Santa discorria sobre essa maravilhosa instituição religiosa e cristã, de tal forma nos contagiava – não só a mim, mas também a outros seus amigos e empregados – que, sem perceber, vi-me envolvido nos anseios, preparativos, planos e problemas para a gloriosa, sólida e inolvidável construção do novo Carmelo. E que bendito envolvimento! Quantas vezes nos perguntávamos – eu e João Andare – onde o nosso merecimento e a GRAÇA de havermos podido ajudá-las em tão grandiosa e significativa obra? Foi realmente emocionante e memorável aquela semana em que saímos à procura de um terreno ideal para plantar-se essa árvore frondosa e frutífera, que é nosso inigualável Carmelo: Irmã Maria Imaculada, Dona Santa Andare, Dona Anita Faria, João Andare e este último e indigno servo.
>
> Percorridos os 4 cantos da cidade, concluiu-se pela área defronte ao cemitério, de propriedade do Sr. Antônio Augusto Ribeiro,

rico comerciante e gerente do Banco Mineiro da Produção S.A. Já no dia seguinte – por delegação de nossa Mãezinha – fomos falar com o Sr. Ribeiro, porém sem resultado positivo: o terreno era sua "menina dos olhos", pois naquele local havia ele iniciado sua vida comercial em Pouso Alegre. Todavia, não deixou de ser generoso, doando uma cela ao Carmelo, por sugestão de Dona Anita e Dona Santa.

Frustrada a primeira tentativa, partimos para o terreno onde se encontra o novo Carmelo, então propriedade do Sr. José Ribeiro do Vale (Zé Eliseu). Com o Jeep emprestado com a maior boa vontade pelo Sr. João Guilherme Pereira – irmão do Santíssimo e cristão dos mais autênticos – João Andare e eu nos dirigimos à fazenda do Sr. Zé Eliseu, que havia recebido a escritura já em nome de seus 8 filhos. Mesmo assim autorizou a venda ao Carmelo. Só Deus sabe o quanto custou convencer os herdeiros a assinarem a venda ao Carmelo! O João Andare teve até que prometer dar um terno de roupa para um deles...

Relembro-me, agora, com indizível emoção, os episódios da aquisição do terreno, o otimismo, a disposição, a confiança e a inabalável fé cristã estampados no rosto de nossa Mãezinha, Dona Santa, Dona Anita Faria! Nunca me canso de proclamar e exaltar, também nestas duas incomparáveis amigas do Carmelo, suas excelsas virtudes de solidariedade e de caridade para com o próximo, e o que tenho testemunhado vida a fora!

Resolvido, felizmente, o problema em 1951, nossa Mãezinha e sua vice-priora, Irmã Maria Stella, não descansaram um só momento, dando início imediatamente à grande tarefa que culminou com essa sublime e esplendorosa obra de engrandecimento do Senhor! Um dos mais lindos mosteiros e casa de oração do nosso amado Brasil!

Testemunhamos, impressionados, a obstinação portuguesa de nossa saudosa e santa Mãezinha, que, desde o primeiro instante, contou logo com o DECIDIDO apoio e colaboração sem par da nossa estimadíssima "Madre Externa", Dona Santa Andare. E essa determinação de Irmã Maria Imaculada fazia-me lembrar, sempre, a de Madre Teresa de Ávila, quando a caminho da cidade de Burgos, onde fundara seu 7º. convento: "Durante a viagem, as chuvas transbordaram o rio Arlazon, arrastando a ponte. A Madre não quis voltar, e disse: 'O Senhor que nos livrou da lama, nos ajudará a cruzar o rio!' Com estas palavras, seguiu à frente, entrando na água gelada. Sua determinação incitou as freiras indecisas, e uma após outra, acompanharam-na dentro d'água".

Na verdade, o ser humano só é verdadeiramente grande quando animado de um ideal superior a ele mesmo. Só isto lhe merece a admiração de seus semelhantes e a imortalidade através dos séculos.

Assim, de 1951 a 1954, enquanto vez por outra corríamos a São Paulo e Belo Horizonte, atrás das plantas e projetos do arquiteto Dr. Benedito Calixto de Jesus Neto e do engenheiro Dr. Ben-Hur de Andrade; aqui, ao pé da obra, entre leilões de gado e campanhas diversas para angariação de fundos, íamos depositando os materiais de construção pesados e necessários ao início das obras: muitos caminhões de areia, cascalhos, tijolos, ferros, cal, pedras etc... E o caminhão para transportá-los nos foi cedido pela Prefeitura, todavia, para ser utilizado somente após às 16h, o que fazíamos até mais ou menos 20, 21h da noite, com a ajuda do próprio motorista, o saudoso Sr. Moisés. O mesmo acontecia com as pedras grandes e pesadas, que catávamos nas pedreiras de São Gonçalo do Sapucaí, na fazenda do Sr. José Delfino e também às margens da estrada estadual JK-Itajubá-Poços de Caldas. Prefeitura e DNER colaboraram bastante nos transportes daqueles materiais. O Sr. Vasco Vianna de Andrade ainda mandava britar pedras para as concretagens, além de ceder topógrafo para locar o prédio etc.

Com bastante material depositado no pátio, eis que o Espírito Santo, os anjos e as orações das Carmelitas nos trouxeram o fazendeiro, ex-delegado de Polícia, valente, destemido e depois proclamado "Monsenhor Fernando Côrtes", competente diretor dos operários e da construção. A dedicação do Sr. Fernando e mais a de seu saudoso e santo auxiliar Sr. Quinista, como sabemos, foram importantes para o êxito da construção. Como eram sedentos de materiais, pois nem bem eu chegava com os caminhões de cal de Lavras, tacos de Londrina, cerâmicas de Campinas, cimento de Belo Horizonte etc, e já me "exigiam" mais tijolos, ferros, tábuas, caibros, ripas etc.

Que empenho de todos, e como nossa Mãezinha conseguia fazer funcionar todas as peças de seu grande ideal! A verdade é que já estávamos contagiados diante do febril entusiasmo de nossa santa Priora e também da nossa dinâmica Madre Externa, Dona Santa, ambas vivendo e acompanhando dia a dia todas as providências e trabalhos por nós executados! Ninguém se fatigava e cada qual dando o melhor de si nas suas diferentes tarefas.

A angústia da espera de tudo que tinha que vir de fora maltratava bastante nossa Mãezinha e sua vice-priora, além da Madre Externa, Sr. Fernando e o santo Sr. Quinista: eram as plantas e projetos que demoravam a ficar prontos; eram os 1.200 metros de cerâmicas que íamos buscar além de Campinas, com o caminhão gratuito do generoso Sr. Benedito Carbono, os quais a firma só nos entregava de 50/100/150 metros de cada vez! Só não tivemos contratempo com os 1.200 metros de tacos que fomos buscar em Londrina com o caminhão e motorista gratuitos, que o saudoso e generoso Sr. Agostinho Andery nos cedera.

Período também difícil e penoso para as 2 Prioras e Madre Externa foi o da construção do engradamento para os telhados. Chegada as 16 toras de cedro e peroba doadas pelo Sr. Dr. Archimínio, de Londrina, Sr. Fernando e eu resolvemos, juntos, rolá-las da Estação da Estrada de Ferro até a oficina do Sr. José Rigotti, o que fizemos com dois pés-de-cabra! Vejam quantos milagres conseguidos pelas carmelitas. E depois, para serrá-las! Arranjei 2 meses de férias no banco, e passei-os dentro da oficina "convencendo" o Sr. Rigotti, diariamente, com 2 cervejas bem geladinhas, do que, aliás, ele mais gostava... É que o melhor carpinteiro de Pouso Alegre, Sr. Arnaldo Baggio, homem muito bravo e genioso, não gostava de ficar parado, e tínhamos que fornecer-lhe as ripas, caibros, vigas etc... Só Deus sabe a ginástica que fazíamos para que o Sr. Rigotti – que sempre tinha muito serviço – pudesse abastecer o Sr. Baggio, que trabalhava muito bem e rápido! O Sr. Quinista até gaguejava dizendo-me que o Sr. Baggio e o Sr. Fernando iam acabar brigando por causa da morosidade do Sr. Rigotti! A Madre Externa, que também vivia e sentia todos os problemas, rezava e torcia, a exemplo das 2 Prioras que colocavam seu exército de Carmelitas de joelhos!...

Assim eram as fases da construção que, para todos nós, ficaram gravadas indelevelmente em nossas almas, o que na verdade foram as mais proveitosas e felizes de nossas existências. Podemos assegurar às queridíssimas Carmelitas que o nosso Carmelo é uma das mais sólidas construções da cidade. Todo madeiramento-engradamento dos telhados está firmemente amarrado às ferragens das lajes, inclusive nas lajes sobre a cozinha e copa, que o Sr. Fernando e eu fizemos questão de nós mesmos fundi-las. Podem rezar bastante, dormindo em paz, despreocupadas, porque todos os nossos amigos trabalharam com muito zelo, amor, do que sempre fomos testemunhas: Sr. Quinista (que desprendimento e que santo!); Sr. Fernando (que dedicação!); Sr. Angelino Chiarato (que pedreiro-mestre competente, trabalhador e honesto!); Dona Anita Faria (que generosidade e bondade congênitas!) e Dona Santa e João Andare (para mim, os maiores amigos do Carmelo!). Quanto aos nossos amigos doadores, por certo as Irmãs já registraram seus nomes no Livro de Ouro da Vida, por meio [de] suas orações de reconhecimento: José Rangel, Teresinha, Milton, Irene, doando e ajudando com todo o mármore para a nossa linda Capela, pátio externo etc; os irmãos Mariosa, doando as grades de ferro; o Sr. Policarpo Campos e Dona Glória, doando o lote para construção da casinha-vigia ao lado do muro [da] clausura; Dr. Archimínio, doando as 16 toras de madeira; o Sr. José Rigotti doando mão de obra, serras etc; Dr. Vasco Vianna, fornecendo pedras britadas, caminhão para transportes diversos, terraplanagem do terreno etc; e depois, Dr. Pedro Rennó, que ajudou bastante, como Chefe do DER!

No milagre da realização do seu ideal maior, e com a sua extraordinária capacidade de superar dificuldades e problemas mil, conseguiu ainda nossa santa Mãezinha, para nosso crescimento, a oportunidade – senão a GRAÇA – de havermos podido exercitar nossas anêmicas virtudes da solidariedade, da renúncia e principalmente a compreensão de nossas próprias insuficiências, unindo-nos ao seu luminoso redor!

Sempre acreditei, após aquela primeira e santa Missa campal de bênção para o início das obras – celebrada pelo saudoso e querido Cônego João Aristides –, que o Divino Espírito Santo nos tenha guiado, notadamente, na aceitação de nossos diferentes temperamentos e formações!

Se "a fé é um salto no escuro para os braços de Deus", nossa santa Mãezinha passou a vida dando esse salto! Que contagiante confiança e que inabalável fé sustentaram seu ideal maior de "fidelidade e amor a Deus, à Igreja e à Ordem", que tanto dignificou e engrandeceu! Fosse qual fosse a provação durante sua fecunda e radiante passagem entre nós – inclusive constantes dores físicas que soube suportar com religiosa paciência e conformação – seu semblante terno e sereno refletia-lhe uma paz interior que, sabíamos, não era "a paz que o mundo nos dá".

Como Sófocles, sabia nossa saudosa e santa Priora que "a humanidade não fora criada para partilhar o ódio, mas sim para repartir o amor". Como São Paulo apóstolo, era igualmente convicta que "o fruto da vida é o amor"!

Se "seremos julgados pela lei da caridade, praticada por obras de misericórdia para com os nossos semelhantes", quão merecida-

> mente feliz não deve estar nossa santa Mãezinha lá no alto, à direita do Pai que tanto amou e serviu! Como deve estar exultante, contemplando seu próprio rastro luminoso e os seus edificantes exemplos de fé e amor ao próximo!
> Queridas Irmãs Carmelitas: como fomos privilegiados! Como somos felizes! Conhecemos e convivemos com uma verdadeira santa![3]

Pai Fernando comenta com Dona Santa como as obras eram abençoadas por Deus, a ponto de seu desenvolvimento ser claramente superior ao trabalho que aquele número de operários poderia fazer, por mais que se esforçassem.

Um operário, Mãezinha, Dona Santa, Irmã M. Stella e João Andare

[3] Paulo Silva. **Carta à Me. Maria Stella da Eucaristia e Irmãs do Carmelo da Sagrada Família, 31/5/1989.** In: Arquivo do Carmelo da Sagrada Família. Documentos sobre doença, morte e outros, pasta M-27.

João Andare, Pai Fernando e Paulo Silva

A 14 de agosto de 1956, as Irmãs desejam instalar um fogareiro elétrico, e para isso, dois eletricistas sobem no teto para fazer as ligações necessárias. Voltam assustados e alertam Mãezinha que o telhado está em estado deplorável. Qualquer chuva poderia pôr tudo abaixo. Paulo Silva e um carpinteiro vêm vistoriar o telhado e confirmam o que os eletricistas disseram. Até mesmo Dom Octávio vem visitar as Irmãs para inteirar-se pessoalmente dos detalhes da situação.

As Irmãs, então, improvisam minicelas no porão, separadas apenas por tabiques de madeira. À noite, tinham que se cobrir muito bem, pois as baratas voavam sobre elas! A situação perdura até a transladação para o novo prédio, a 29 de setembro de 1957, pois trocar todo o telhado ficaria muito caro e os recursos eram todos orientados para a construção.

Evidentemente, o cansaço de Mãezinha é grande e acaba abalando sua saúde. Já em 1955, foi a Campinas, e esteve na iminência de fazer uma cirurgia, mas não foi necessário. Novamente em abril de 1957 é preciso uma consulta médica em Campinas, e lá passa quatro dias fazendo exames. Para a alegria das Irmãs, ela retorna, podendo fazer o tratamento em casa.

Em meio a tantas atividades e percalços, Mãezinha permanece serena. Resolve os problemas que emergem e intermedia os conflitos que surgem entre o Pai Fernando – que possui um temperamento colérico – e os chefes das diferentes equipes de obras. Dá conta de administrar tudo, sem descurar da formação das noviças e atender às necessidades das Irmãs. O segredo é que ela vê o trabalho como um culto a Deus, dirigido a Ele e realizado com Ele, mas sem descuidar dos momentos de oração litúrgica e pessoal. Essa vida unificada só se torna possível por meio de uma vivência espiritual que atinja todas as áreas do ser, levando à simplicidade. A dispersão, nela, estava praticamente vencida. Era uma unidade de vida dinâmica, compatível com os imprevistos de cada dia e com as preocupações do futuro, que Ela sabia estar nas mãos de Deus.

— VI —

A TRANSLADAÇÃO E CONTINUAÇÃO DAS OBRAS

A oração é preciosa, se alimenta uma doação diária de amor.
O nosso culto agrada a Deus, quando levamos
lá os propósitos de viver com generosidade
e quando deixamos que o dom lá recebido
se manifeste na dedicação aos irmãos.
(*Gaudete et exsultate,* 104)

O prédio fica pronto, enfim! Amigos abnegados e generosos fazem a limpeza do mosteiro para receber as Irmãs, trabalhando, às vezes, até de madrugada. Por outro lado, as Irmãs encaixotam seus pertences, que são enviados aos poucos para o novo mosteiro. Chega o dia tão esperado! A melhor narrativa é a do Diário do Carmelo da Sagrada Família:

> Festa de S. Miguel Arcanjo, o chefe da Comissão do Céu, de nossa construção! Embora chovesse ontem, hoje o dia amanheceu muito lindo.
>
> Como de costume, levantamo-nos às 4h40. Já não mais ouvimos o querido sininho que há tantos anos nos convida à oração. Ontem, ele foi levado ao novo Carmelo (emprestado, por uns meses, até que cheguem os que encomendamos, pois pertence à Igreja do Rosário) e lá nos espera, para saudar Jesus Hóstia, à chegada.
>
> Às 5h, rezamos as Horas Menores. Às 6h, o Revmo. Padre Carlos veio nos dar a Santa Comunhão. Depois da ação de graças, fomos fazer os últimos preparativos para a saída. Na Missa das 7h, o

Revmo. Padre Carlos fez um comovente sermão, falando sobre a vocação da carmelita e a sua missão no seio da Igreja.
Às 8h, reunimo-nos no refeitório (perto da porta da clausura). Rezamos três Ave-Marias e a "Salve Regina". Nossa Mãezinha deu-nos a bênção e foi aberta a porta.
A procissão já estava organizada, mas o povo se aglomerou nas grades do jardim do mosteiro, para ver-nos sair. Entramos na Igreja e rezamos por alguns instantes. O Exmo. Sr. Bispo Dom Oscar, acolitado pelo Revmo. Padre Capelão e outros sacerdotes, tomou a custódia com o Ssmo. Sacramento e desceu os degraus do altar. Colocamo-nos em duas filas, logo à frente do [Santíssimo] e a procissão (com muita dificuldade, tanta era a multidão) começou a movimentar-se. Tocaram os sinos da Igreja.
Embora felizes, o nosso coração partia-se de dor. Deixamos para sempre esta querida casa, berço de nossa vida religiosa, testemunha de tantas lutas e sofrimentos, mas também, de tantas alegrias do Céu, de tantas bênçãos e graças. Tudo passa, como passaram esses 14 anos e, dentro de alguns anos, talvez, soará para todas e cada uma de nós o momento de abandonar também o bonito Carmelo que Jesus nos dá, hoje, por outro muito mais lindo: o Carmelo do Céu.
A procissão foi linda e piedosa. Ao avistarmos a Catedral do Senhor Bom Jesus, os sinos começaram a tocar, o que nos emocionou suavemente. Lá, foi-nos dada a Bênção do Santíssimo pelo Revmo. Cura, Mons. Otaviano Lammanères.
Reorganiza-se a procissão e eis que, depois de alguns minutos, já se avista o novo Carmelo! Lindo, banhado pelo sol, colocado bem no alto, com sua torrinha encimada pela cruz; parecia-nos qual um oásis de paz, onde Jesus nos esperava. Espontaneamente, brotou em nosso coração um "Magnificat" em ação de graças! Como Deus foi bom e generoso para conosco!
Ao chegar, o Exmo. Sr. Bispo, num altar ao ar livre (no local da futura Capela), muito bonito e liturgicamente enfeitado de trigo e uva, deu a Bênção do Santíssimo. Tivemos a alegre surpresa

de encontrar aqui o Exmo. Sr. Bispo Dom Octávio Chagas de Miranda, nosso boníssimo Superior, que, há 14 anos, a 25 de outubro de 1943, esperava as Irmãs que vieram de Campinas para estabelecer o Carmelo de Pouso Alegre. Ele mesmo, auxiliado por Dom Oscar, deu a bênção litúrgica ao novo prédio.

Antes que o povo entrasse, o nosso incomparável amigo, Sr. Fernando de Oliveira Côrtes (que há três anos abandonou tudo para tomar conta da construção para nós!) entregou-nos a casa, percorrendo-a conosco. Depois, as famílias, os amigos e benfeitores, todo o povo, puderam entrar para conhecer o mosteiro e estar com as Irmãs. Encontramos a casa toda enfeitada e a provisoria sortida! O povo foi imensamente bom e generoso, mostrando bem o amor e veneração que dedica às pobres carmelitas.

Um ótimo almoço foi oferecido por Dona Flávia Mesquita (esposa do Coronel do Regimento), Dona Virgínia Brandão e Dona Iracema Fagundes.

Às 14h, com muita dificuldade (pois os amigos não nos deixavam um instante), conseguimos reunir-nos na sala do Capítulo para rezarmos as Vésperas.

Às 16h, conforme o programa, foi a Missa Vespertina, pelo Exmo. Sr. Bispo Dom Oscar que, ao Evangelho, fez um bonito sermão, baseando-se em uma parte da Missa do dia. Após a Missa, foi cantado um imponente "Te Deum" pelo coro do Seminário diocesano, que também cantou a Missa.

Tendo terminado, o Exmo. Sr. Bispo avisou ao povo que ninguém mais poderia falar às Carmelitas. Em fila, dirigimo-nos à porta da clausura. Na portaria, além do Exmo. Dom Oscar e vários sacerdotes, só entraram os amigos mais íntimos: Sr. Manoel Villela, Sr. Fernando, Paulo Silva, Sr. João e Dona Santa Andare, Dr. Jésus e Dona Maria Auxiliadora, Sr. Agostinho e Dona Rosa Andery, Sr. Castro e Dona Arlete.

Despedimo-nos de todos, e ajoelhamo-nos entre as duas portas da clausura. Dom Oscar, muito comovido, deu-nos a sua bênção. Todas as pessoas choravam, inclusive alguns sacerdotes.

Nossa Mãezinha, lentamente, fechou a porta. Enfim, eis-nos em nossa amada clausura! O mundo que nos cercou de carinho, admiração e respeito (o povo só dizia: "As santas Carmelitas!") ficou fora. E, de nossa abençoada solidão, nós o acompanharemos sempre, com nossas orações e sacrifícios. Isolamo-nos, não por egoísmo, mas para que possamos fazer um maior bem. Era mais de 19h. Depois de uma rápida refeição, rezamos as Completas e depois as Matinas (às 21h, como sempre). Foi um dia abençoado e feliz! O Bom Deus foi imensamente bom e misericordioso para conosco! Bendita seja a sua liberal Providência! Agora, só nos resta sermos realmente santas, para ajudarmos a esse pobre mundo que tanto espera das Carmelitas. Olhando este Carmelo, construído só de esmolas, sentimo-nos obrigadas a dar mais, a tudo dar ao querido Jesus, a sermos santas para a sua glória e para conseguirmos de sua Bondade as graças de que necessitam nossos inúmeros e incontáveis amigos e benfeitores! Só nesta ocasião ganhamos (esmolas espontâneas) 90.000,00! Nosso coração transborda de reconhecimento e amor e não sabemos como agradecer a Jesus. Pedimos à nossa querida Mãe do Céu que o faça por nós, e com Ela cantamos: "Magnificat! Magnificat!"[1]

Mãezinha chegando no novo Carmelo

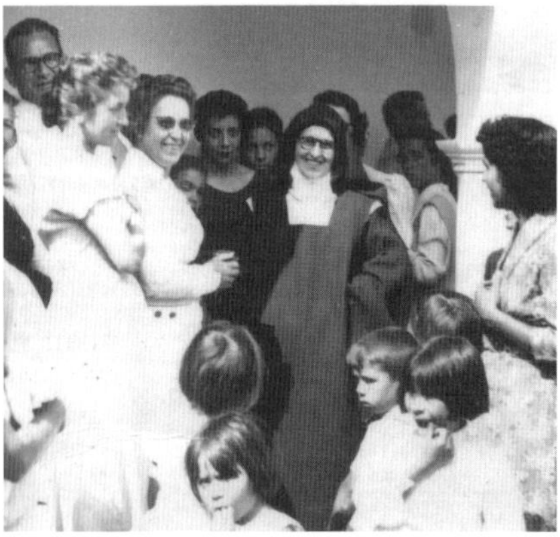

Rodeada pelo povo

[1] **Diário do Carmelo da Sagrada Família**, vol. II, fol. 51-52. Arquivo do Carmelo da Sagrada Família.

As Irmãs com Dom Octávio e Dom Oscar

Logo após essas alegrias, surge um problema: Dom Oscar deseja que Mãezinha alugue o prédio do "Carmelo velho" para uma escola primária, fazendo antes as devidas reformas. Ela busca informações com os amigos mais próximos, pessoas de grande experiência e bom senso, e todos eles são unânimes em dizer-lhe que a inadimplência no aluguel seria coisa certa; e que aplicar os recursos doados no dia da transladação para isso, seria injusto, uma vez que muito ainda estava por se fazer no mosteiro regular. Mãezinha reza e escreve a Dom Oscar manifestando o seu parecer e o desses grandes benfeitores, bem conhecidos por ele. O Bispo não vê com bons olhos o parecer negativo da Priora, e lhe escreve uma dura carta. Mãezinha afirma que se for uma ordem dele, ela está pronta a obedecer, mas se a decisão depende dela, ela permanece, humilde, mas firmemente decidida a preservar o patrimônio do mosteiro e prover o bem de sua Comunidade. Dom Oscar cede, e Mãezinha respira aliviada.

Um mês depois, quando as Irmãs conseguem colocar as coisas mais necessárias em ordem, Mãezinha promove uma festiva procissão pela casa, abençoando cada ofício e colocando-o sob a proteção de um dos santos da Comissão Celeste, em meio a cantos e orações, em ação de graças por tantos benefícios alcançados pela intercessão deles.

Três dias depois, a 31 de outubro, chegam duas Irmãs de Campinas, para auxiliar na limpeza e organização da casa: Irmã Ana Maria de São José e Irmã Maria Isabel dos Anjos, que são recebidas com grande alegria. Mãezinha pedira esse auxílio à Madre Ângela, pois todo o piso precisava ser areado, retirando dele a fina camada de cimento, que nas construções da época era comum ficar após o assentamento da cerâmica e dos tacos; muita coisa necessitava ser organizada, e as encomendas de trabalhos em bordado e pintura continuavam. Elas ficam por três meses, e retornam levando a imensa gratidão das Irmãs por esse ato de generosidade e solidariedade.

A alegria é intensa, depois de passar mais de um ano dormindo num porão: a amplidão da casa, clara e arejada, parecia um sonho! Por esses dias, Mãezinha escreve ao Paulo Silva: "Vivemos encantadas neste Carmelo, 'o mais lindo do mundo'[2], que os nossos bons amigos nos fizeram, e nem vemos o tempo passar. Há mais de um mês estamos aqui e andamos sonhando ainda!"[3]

No entanto, o espaço de ar livre de que dispõem é mínimo, pois os muros da clausura ainda não existem: há apenas um muro a poucos metros da casa. Não há a Capela e as Missas são celebradas no locutório. Apesar do desconforto, o povo gosta de participar dessas Missas e se aperta no exíguo espaço. Mãezinha percebe, então, que a primeira obra seria a Morada do Amado Esposo.

Visitada por seu irmão, Padre Gabriel, Mãezinha lhe conta sobre seus projetos. Ele a aconselha fazer uma capela simples, devido às dificuldades financeiras e ao fato de ser "apenas" uma capela conventual. Mãezinha não concorda absolutamente, afirmando que a faria da me-

---

[2] Expressão que Paulo Silva gostava de usar.

[3] Madre Maria Imaculada da Ssma. Trindade. **Carta a Paulo Silva, em novembro de 1957.** In: Arquivo do Carmelo da Sagrada Família. Epistolário ativo, pasta M-04.

lhor forma, mesmo que custasse muitos sacrifícios e levasse um bom tempo para ser construída, pois é a morada de Deus!

Seis meses após a transladação, a 27 de março de 1958, Dom Oscar vem visitar as Irmãs. Mãezinha lhe pede a licença para iniciar as obras da Capela, e ele a concede. Mas, nesse ano, devido à ausência do templo, as Irmãs ficam sem as cerimônias da Semana Santa, o que para elas foi um grande sacrifício.

No dia 7 de abril seguinte, as obras são iniciadas! Já antes, Mãezinha, sonhando e idealizando a Capela, partilhava seus desejos com as Irmãs. Irmã Maria Stella tem, então, a inspiração de pedir que o arquiteto do Santuário Nacional de Aparecida fizesse o projeto da Capela. Um sonho ousado! Mãezinha o abraçou de imediato e pediu que Irmã Maria Stella escrevesse ao famoso Dr. Benedito Calixto de Jesus Neto, perguntando se, como ele desenhou a casa da Mãe, poderia também projetar a casa do Menino Jesus! E para a exultação de todas, ele aceitou... sem nada cobrar!

À frente das obras está o fiel Pai Fernando. Se na construção do mosteiro ele demonstrou uma dedicação imensa, agora, a redobra, ao construir a casa do seu Patrãozinho! Homem de fé profunda, tem a delicadeza de – ele mesmo – lavar todos os tijolos que seriam utilizados na grande parede onde ficaria o Sacrário! Mãezinha não poupou esforços para que a construção se erguesse o mais rápido possível.

A 12 de junho de 1958, a Comunidade tem a alegria de receber, pela primeira vez, o Padre Geral da Ordem da Bem-aventurada Virgem Maria do Monte Carmelo: Frei Anastásio do Ssmo. Rosário, hoje também em Processo de Canonização. Para Mãezinha e as Irmãs, visita de um Geral é sempre momento de fortalecer os vínculos com a Ordem e crescer no carisma teresiano.

Em abril de 1959 são fundidas as lajes da Capela. Ao mesmo tempo, máquinas do DER (Departamento de Estradas de Rodagem), presentes em Pouso Alegre para a construção da Rodovia Fernão Dias, fazem a terraplanagem do quintal.

Graças ao empenho de amigos, que limpam a Capela até altas horas da noite, pela primeira vez se celebra o Domingo de Ramos e todas as cerimônias da Semana Santa na Capela, que tem apenas o contrapiso e as paredes nuas; vitrais, portas e altar provisórios. A pobre igreja fica repleta de fiéis! Terminadas as celebrações, as obras retornam, a todo vapor.

Em meio a tantas alegrias, Deus permite uma grande provação para a Mãezinha, as Irmãs e o Sr. Fernando: no dia 6 de julho de 1959, um jovem operário sobe, sem avisar ninguém, sem nenhuma proteção, num andaime de sete metros e de lá cai, falecendo de imediato. Era o filho mais velho de mãe viúva. A indenização é paga, e por muito tempo Mãezinha assistiria a família. Mas o que pode aliviar uma dor tão grande? Mãezinha entra, então, numa espécie de "noite escura", como se depreende da carta escrita ao Pai Fernando:

> Prezado Sr. Fernando,
>
> Viva Jesus! Viva sua Cruz!
>
> Desde ontem estou querendo escrever-lhe, mas fiquei esperando que o sr. aparecesse por aqui.
>
> Imagino o quanto foi grande para o sr. o sacrifício que o Bom Deus nos pediu! Como está sendo custosa a Capela, não acha, Sr. Fernando? Nunca pensei que, a tantos outros, o Bom Deus nos pedisse o sacrifício do sangue de um pobre operário. Até agora, tudo me parece um sonho, e custa-me acreditar na dolorosa rea-

lidade. Entretanto, estou certa de que tudo o que o Bom Deus permite é o melhor, e no Céu vamos ver o porquê desses acontecimentos. Como desconhecemos o futuro, quem sabe esse golpe foi um ato misericordioso do Bom Pai do Céu para esse moço e sua família? Procuremos olhar as coisas em Deus, e até os espinhos se tornarão suaves e amáveis. Bendito seja Deus em seus dons!

Mas o que me enche de pesar, prezadíssimo Sr. Fernando, é que esse acontecimento seja uma manifestação de que o Bom Deus não esteja contente por eu estar violentando o Querer divino. É certo que tenho boa intenção no grande esforço que tenho feito para não prejudicar a construção da Capela, parando as obras num momento que poderá acarretar grandes prejuízos. Mas é certo também que não tenho licença para ir fazendo novos empréstimos, e o que numa pessoa secular seria apenas uma imprudência, para mim ou outra Religiosa qualquer, que tenha Votos, poderá ser uma falta grave. Tinha licença do Exmo. Sr. Bispo para arranjar dinheiro emprestado, a fim de repor o empréstimo da Caixa Econômica. Mas nada consegui e renovei o contrato. O capital da construção esgotou-se, e para inteirar a compra das telhas e para a calha de cobre, foi preciso fazer empréstimo. Para as despesas dos operários, nestas últimas semanas, vamos ajuntando as esmolas de cada dia. Agindo assim, embora cheia de confiança em Deus, estou me expondo a ter que fazer algum empréstimo no fim da semana.

Em vista, porém, do que aconteceu e sentindo um remorso profundo no íntimo da alma, venho, com toda amizade e confiança de filha, expor-lhe o seguinte: no próximo dia 15 termina o prazo do seguro dos operários. Estava pensando em renovar por mais 3 meses, embora com sacrifício, a fim de ver se termina o telhado, a torre e o revestimento, para que possa tirar os andaimes, ficando a Capela em condições de ser usada. Agora, porém, estou sem coragem de tomar essa decisão.

Depois de rezar e pensar muito, escrevi a uma pessoa amiga, expondo a nossa situação e pedindo-lhe de comprar um lote do nosso terreno, a fim de nos ajudar na atual circunstância. Estou esperando a resposta da nossa proposta. Se conseguir essa venda ou se o Bom Deus quiser que continuemos o serviço, poderá também fazer chegar ordem de pagamento de uma Verba que estamos esperando.

Arranjando um capitalzinho, renovaremos o seguro e vamos acabando o mais necessário, pois o acabamento final não será possível mesmo. Se, por acaso, nada conseguir é porque nosso Bom Deus quer mesmo o interrompimento das obras, e embora sentindo imensamente, temos que nos render à vontade divina, fazendo esse grande sacrifício.

Por isso, o sr. não acha bom, nesta semana que falta para terminar o prazo do seguro, que os operários terminem o telhado, deixando-o em condições de que as chuvas não prejudiquem a construção? Se não houver tempo de fazer a laje da torre, quem sabe colocariam tábuas ou telhas para proteger um pouco; e o Sr. Miquita acabaria o revestimento do presbitério, permitindo a retirada dos andaimes, para ser possível celebrar a Santa Missa na Capela, ao menos aos domingos?

Quem sabe o Bom Deus quer só o nosso espírito de fé e aceitação desse sacrifício, para vir nos socorrer? Se Ele permitir assim, interromperemos a construção depois do dia 15 por um, dois ou três meses, até que ajuntemos algum capital para satisfazer as despesas do trabalho. Depois que arranjarmos algum meio, faremos o contrato do seguro por 3 meses, a fim de fazer o serviço que precisava ser feito agora.

O sr., que tem tanto espírito sobrenatural, certamente há de concordar comigo, não é, Sr. Fernando? Nem sempre se pode fazer tudo o que se deseja, embora com as melhores intenções, não é mesmo?

Aguardo sua resposta, e pode crer que agi com a mais sincera confiança e amizade no grande amigo, pai e benfeitor do nosso Carmelo.

> Que o Bom Deus o recompense pelo muito que tem feito e sofrido por nossa causa. O Céu será sua grande e eterna recompensa. Com profunda gratidão, sou, em Cristo, a pobre serva em Cristo.[4]

Mãezinha fazia sempre os empréstimos com as devidas licenças. Mas a concepção com que fora formada do voto de pobreza, a ousadia com que sempre confiara em Deus, nesta hora de dor, fez com que tudo parecesse temeridade e "violência" à vontade de Deus. Não se sabe quanto tempo essa noite durou. O fato é que ela se reergueu, e as obras continuaram!

Em 1960, chega a Pouso Alegre Dom José d'Ângelo Neto, o novo Bispo. Visita o Carmelo um mês depois de sua chegada. Ele se tornaria um verdadeiro pai para as Irmãs, amigo e conselheiro de Mãezinha: verdadeiro esteio para ela. Ao longo dos anos, Dom José se tornará o "Pai Bispo".

Dom José (Foto cedida pelo Museu Tuany Toledo)

[4] Madre Maria Imaculada da Ssma. Trindade. **Carta a Fernando de Oliveira Côrtes a 7/7/1959**. In: Arquivo do Carmelo da Sagrada Família. Epistolário ativo, pasta M-06.

Com o advento do Concílio Vaticano II, antes e depois de cada Sessão, ele visita o Carmelo, para pedir orações e, depois, para narrar o que presenciara em Roma. Na partida dos Bispos para Roma, as Irmãs passam a noite em vigília, rezando por eles e por esse grande evento. Convidam pessoas leigas a acompanharem-nas.

Quando Irmã Maria do Carmo da Eucaristia faz sua Profissão solene, o número necessário de Irmãs para que haja o Capítulo se completa. Dessa forma, em 1963, Dom José preside a primeira eleição para Priora. Mãezinha é eleita, quase que por unanimidade, pois o único voto que não lhe foi a favor, foi o seu.

Meses depois, a 19 de setembro, a jovem que trabalhava como porteira do Carmelo, Lobélia, recebe um telefonema do Seminário Arquidiocesano, perguntando:

– As Irmãs vão sair da clausura?

– Como sair da clausura? As Irmãs não saem da clausura. Por que me pergunta isso?

– Você não se deu conta do incêndio que está ocorrendo aí, ao lado do Carmelo? Daqui podemos vê-lo!

Lobélia desliga o telefone e quase morre de susto ao perceber que o pasto contíguo ao Carmelo arde em chamas, e estas já estão prestes a atingir o eucaliptal do mosteiro.

Dentro da clausura, Mãezinha e as Irmãs se assomam às janelas da ala das Professas e veem, horrorizadas, o terrível incêndio. Mãezinha manda as Irmãs irem rezar, enquanto ela vai à roda com um escapulário de Nossa Senhora do Carmo nas mãos, e pede que Lobélia chegue o mais próximo possível do fogo e jogue nele o escapulário. Ela reluta, mas Mãezinha insiste.

Ao mesmo tempo, Dom José chega e envia recado à Mãezinha dizendo dar a licença e aconselha que todas deixem a clausura. Mãezinha responde que acha melhor esperar um pouco, pois confia em Deus e julga que nada de mal lhes acontecerá.

Lobélia joga, então, o escapulário no fogo e... imediatamente o vento muda de direção, fazendo com que o fogo não atinja os eucaliptos situados no terreno do Carmelo! O povo que acorreu, chefiado pelo Pai Fernando, consegue debelar as chamas. Por garantia, durante a noite, as Irmãs se revezam, vigiando para que possíveis brasas escondidas não reacendam o incêndio! Mais uma "prova de fogo" para Mãezinha!

Quando a Capela fica minimamente pronta para o uso – sem nenhum acabamento ainda –, Mãezinha para um pouco com as obras, para reformar o prédio do "Carmelo velho", que, abandonado, é saqueado quase que continuamente. Dirige, então, os recursos para essa reforma, tendo à frente o Pai Fernando.

Ao mesmo tempo, ela e as Irmãs já sonham com a construção dos muros do quintal, pois o espaço muito restrito não é saudável para quem vive em clausura 24 horas por dia. Com o objetivo de angariar fundos, as Irmãs inauguram a "Fábrica de doces S. Benedito". Produzem bolos confeitados artisticamente – verdadeiras obras de arte –, e doces sob encomenda ou para serem vendidos no Colégio São José, mantido pelos Padres Pavonianos que, desde 1951, são os fiéis capelães do Carmelo.

Irmã Maria do Carmo tem a ideia de produzir confecções de cama e mesa, pintadas ou não por Irmã Maria Teresinha, Irmã Maria Teresa e Irmã Maria Regina, auxiliadas por outras Irmãs. As confecções fazem sucesso e Mãezinha compra peças e mais peças de tecido, revertendo o lucro para a construção dos muros e, depois, para o término da Capela.

No dia 20 de novembro de 1964, Mãezinha é surpreendida pela dolorosa notícia da morte de seu pai, por atropelamento, em Belo Horizonte. Todos os dias, ele participava de várias Missas, passava em alguns armazéns – pois continuava negociando a venda de alguns cereais –, e depois ia almoçar com neto Guy, que trabalhava na CEMIG. Enquanto se dirigia para lá, aconteceu a tragédia. Mãezinha sofre demais com a morte do querido pai que, mesmo em Belo Horizonte, continuava a auxiliá-la no que podia. Entre os dois havia uma profunda afinidade e comunhão. Ele e a esposa estiveram visitando a filha dias antes. Chegando em Belo Horizonte, escreveu-lhe a seguinte carta:

> Belo Horizonte, 18/10/1964.
> Minha querida filha,
> A tua saúde e [das] demais Irmãs é o que de coração mais desejo. Nós, graças a Deus, fizemos ótima viagem. Encontramos todos com saúde.
> Esta tem o fim de agradecer-lhe e às Irmãs, que, durante os dias que estive aí, me trataram como um príncipe, e ainda aprontaram uma matalotagem[5] de doces e pão de ló para a viagem! Que Deus lhes pague!
> Sobre a Caixa[6], estive lá com o encarregado da seção, e ele não me pôde explicar, mas mostrou-me a cópia de um ofício que mandou, e pelo conteúdo, a lei não permite fazer empréstimos aos conventos ou mosteiros; foi o que eu concluí. Eles estão embrulhando e não sai nada. Eu acho melhor você desistir e mandá-los às favas.
> Falei com o doutor, seu procurador, ele me disse que por enquanto não há necessidade de falar ao Coronel, pois ele espera receber logo em apólices. Eu falei que vocês precisarão do dinheiro para fazer o muro. Ele me respondeu que venderá aqui as mesmas e que mandará o dinheiro para vocês.
> Avise o Atílio[7] que não encontrei o milho que ele precisa. Nenhuma das secretarias o tem; nem miúdo, nem graúdo. Nestes dias vou escrever a ele, mas você mande telefonar, para ele não estar esperando.
> O Gabriel escreveu. Está bem. Eu respondi, e mandei dizer a ele que você está ficando fazendeira.

[5] Lanche para a viagem.
[6] Caixa Econômica, Federal ou Estadual.
[7] Genro do Sr. Villela, casado com a falecida Rita.

Aceite muitas saudades de todos, e recomende-nos às Irmãs.
Reze por nós.
Receba nossa bênção.

Teu pai Villela[8]

No envelope dessa carta, Mãezinha escreve: "Última carta do papai. Escrita 2 dias antes da sua morte. Recebi no dia 23/10/1964". Imagina-se a sua dor, ao receber essa carta, que manifesta muito da personalidade do pai e de como ele a auxiliava.

Mãezinha com o pai

No dia 10 de setembro de 1966, finalmente os muros são concluídos. As Irmãs oferecem uma festinha aos principais benfeitores dessa obra. No dia seguinte, fazem o primeiro piquenique, que depois se tornaria tradicional no Carmelo da Sagrada Família, na oitava da Páscoa. Pareciam passarinhos soltos da gaiola, tal era a alegria pelo extenso quintal,

[8] Manoel Villela Pereira. **Carta à Madre Maria Imaculada da Ssma. Trindade, ocd.** In: Arquivo do Carmelo da Sagrada Família. Epistolário passivo, pasta M-22.

no qual encontraram muitas surpresas, aí colocadas pelo Pai Fernando: doces pendurados no abacateiro, frutas diversas, queijo, cada pacotinho contendo um bilhetinho, brincando com as Irmãs! Só mesmo um pai pode ter tantas delicadezas!

Um dos piqueniques – Mãezinha segura um cartaz

Dois meses depois, Mãezinha inicia a construção da casa das Irmãs Externas: era seu sonho que o Carmelo tivesse, em sua portaria, Irmãs que velassem por Jesus Hóstia, presente na Capela e recebessem, com acolhida verdadeiramente cristã, as pessoas que acorressem ao Carmelo. A 23 de março de 1969, Dom José abençoa a casa das Irmãs Externas, que dão início à sua missão. Ao mesmo tempo em que fazia essa construção, Mãezinha dá continuidade às obras de acabamento da Capela: são colocados os mármores no piso e lambri da nave e os vitrais.

Mãezinha com as duas Irmãs Externas: Irmã Maria Lúcia e Irmã Maria Angélica

As eleições no Carmelo se sucedem e Mãezinha é reeleita e postulada. Até que, 1972, não sendo mais possível que ela ficasse no cargo, Irmã Maria Stella é eleita Priora. Mãezinha, eleita segunda Conselheira, dará provas de sua humildade, obedecendo em tudo à nova priora, não se imiscuindo em assuntos que não lhe cabiam. Era como se nunca tivesse sido priora em sua vida. E mesmo quando a Comunidade ia ao locutório com algum bispo ou sacerdote, ela não gostava que as Irmãs dissessem que ela era a fundadora. Queria passar despercebida e ser uma como as demais. Mas nunca as Irmãs deixaram de olhar para ela como sua mãe e fundadora, e se admiravam de sua postura simples, sem afetação e humilde.

Passado esse triênio, foi eleita novamente. Padre Gabriel, seu irmão, ao saber disso, escreve-lhe:

> Caríssima Irmã Maria Imaculada,
> Desejo que a Ss. Trindade habite na sua alma, por Maria.
> Estive em Belo Horizonte 4 dias: 26 a 31 de dez. Por falta de tempo, não pude passar aí no Carmelo. Mas, para uma carmelita, "solo Dios basta".

> Lá em casa a vida vai correndo nas mãos do Bom Deus. Por meio de cruzes, Ele vai santificando nosso pessoal. Ir lá para mim é uma graça, porque sofro (e muito) com eles, desapego-me do mundo e me apego a Jesus.
> A mamãe conseguiu assistir a três Missas que celebrei na intenção dela. A vida dela é um milagre. Jesus conserva-a para salvar os seus e purificar-se nas cruzes.
> O Guy, o Murillo, a Maria José, a Neusa e a Bernadete precisam de orações para não resistir à graça do Batismo.
> Para você, eu peço a N. Senhora a graça eficaz de abandonar o cargo de priora e voltar para o Carmelo de Campinas (ou outro), a fim de viver escondida, humilde, desprezada, contemplativa. Já é tempo de você cuidar da sua alma, sem preocupações materiais nem orgulho de Superiora.
> Abandonar tudo, viver sentada como Maria, também é um modo de servir aos outros, e o mais excelente. E para você, com seu gênio autoritário e financista, é uma necessidade, pelo menos no fim da vida. Deixe para outras, você não é necessária, Deus não precisa de ninguém; julgar o contrário é sutil presunção.
> A respeito do manto de N. S. Aparecida, falei com o Padre Pedro Fré, Superior do Convento de Aparecida. Mande um manto, ele coloca-o na imagem milagrosa e depois lho devolve.
> Lembranças a todas. Reze, rezem, rezem por minha conversão.
> Seu irmão que a ama.[9]

Mãezinha deve ter rido desta carta: como se fosse tudo tão fácil! E como isso seria um alívio! Ela escrevera a uma Priora: "Eu também gostaria de me livrar de muita coisa, mas devemos nos lembrar que, repouso, é só o eterno. Agora, é tempo de lutas e sacrifícios! Mas o amor torna tudo leve! Somos Dele e Ele pode fazer de nós o que quiser."[10]

---

[9] Padre Gabriel de Campos Villela, C. Ss.R. **Carta à Madre Maria Imaculada da Ssma. Trindade, ocd.** In: Arquivo do Carmelo da Sagrada Família. Epistolário passivo, pasta M-22.
[10] Madre Maria Imaculada da Ssma. Trindade. **Carta à Madre Teresinha Maria da Imaculada Conceição, ocd, a 28/5/1984.** In: Arquivo do Carmelo da Sagrada Família. Epistolário ativo, pasta M-15.

Mãezinha permanecerá no cargo de Priora até a morte, embora ela pedisse às Irmãs que elegessem outras, para que pudessem obter experiência. Essa também era a orientação de Dom José. Nisto, porém, as Irmãs nunca quiseram obedecer. Unanimemente queriam “aproveitar” de sua Mãezinha, até o fim.

Irmã M. Lourdes, Mãezinha, Irmã M. Teresinha, Irmã M. Stella e Irmã M. Teresa

— VII —

MÃEZINHA NO DIA A DIA

Jesus não nos dá mais duas fórmulas ou dois preceitos;
entrega-nos dois rostos, ou melhor, um só:
o de Deus que se reflete em muitos,
porque em cada irmão, especialmente no
mais pequeno, frágil, inerme e necessitado,
está presente a própria imagem de Deus.
(*Gaudete et exsultate,* 61)

Mãezinha amava profundamente a Igreja e a Ordem do Carmelo Descalço. Coube-lhe viver o Concílio Vaticano II e o difícil período pós-conciliar. Leu todos os documentos do Concílio, que procurava obter assim que eram publicados. Fazia anotações, copiava longos trechos, anotava as dúvidas.

De caráter conservador, Mãezinha não se apegou a costumes acidentais da vida do Carmelo, mas, dócil ao que a Igreja pedia, obedecia prontamente quando era necessário mudar algo, mesmo que naturalmente lhe custasse. Em 1968, o Padre Geral da Ordem promoveu um Encontro de Prioras, ocorrido em Tremembé, SP. Antes dele, uma Priora, que lhe era muito querida, havia lhe escrito, dizendo que não iria ao Encontro, mas pedia a ela que procurasse fazer de tudo para que não mudassem os costumes e as Constituições. Nada de reformas, nada de estudos no Noviciado. Que ela falasse pelas duas.

Mãezinha rezava e pedia que as Irmãs também o fizessem. Após o Encontro, ela lhe escreve: "O encontro foi maravilhoso, pois Nosso Padre Geral é muito firme e de grande capacidade. Estamos cheias de desejo da renovação que a Santa Igreja e a Ordem esperam de nós. Tudo foi encaminhado por Deus e não podia ser melhor".[1]

Mãezinha (ao centro) no Encontro em Tremembé

No Encontro em Belo Horizonte

Era um espírito aberto e, ao mesmo tempo, firme. Não fazia mudanças pela sua própria iniciativa. Mas, uma vez que a Igreja ou a Ordem o pediam, a resposta era imediata. Soube fazer as mudanças necessárias com serenidade, consciência e equilíbrio, estudando com as Irmãs os documentos e embasando suas decisões no carisma carmelitano descalço.

De todos os outros Encontros promovidos pela Ordem, ela participava ou, por não estar bem de saúde, enviava outra Irmã em seu lugar.

[1] Madre Maria Imaculada da Ssma. Trindade. **Carta às Irmãs do Carmelo da Sagrada Família, a 25/7/1968.** In: Arquivo do Carmelo da Sagrada Família. Epistolário ativo, pasta M-13.

Antes deles, ela já possuía uma rede de relações com outros Carmelos. Com a oportunidade desses encontros, os laços se estreitaram onde já existiam ou se expandiram com as monjas até então desconhecidas.

Os questionários enviados pela Ordem para a renovação das Constituições eram estudados em Comunidade e respondidos tendo por base as obras de Santa Madre Teresa de Jesus, os documentos Conciliares e os enviados pela Casa Generalícia OCD. Nos dias mais intensos de estudo, elaboração e votação das respostas, o Noviciado se encarregava da cozinha e provisoria e as Irmãs se reuniam "em Concílio" – como as noviças brincavam.

Mãezinha era aberta às necessidades dos outros Carmelos, enviando Irmãs para auxiliá-los em momentos de dificuldades ou acolhendo Irmãs no seu mosteiro, para tratamento de saúde ou descanso. Gostava de acolhê-las como se fossem o próprio Jesus. Escrevia, a propósito, ao Pai Fernando:

> Queria contar-lhe, reservadamente, que estamos com visitas. [...] Queria pedir-lhe, também, se o senhor estiver colhendo laranjas, se podia trazer-nos umas 100 por semana, mas fresquinhas. No dia em que o senhor for buscar na fazenda, já deixava aqui, na passagem. Uma das Irmãs visitantes está acostumada com laranjas e outras frutas, pois o seu pai tem fazenda, perto de seu Carmelo, e leva sempre as ótimas e frescas frutas à filha. Aqui, a gente nada tem, por enquanto. Nossas laranjeiras morreram. [...] Peço que reze por essas nossas Irmãzinhas visitantes. Temos alegria em poder servi-las e desejamos tratá-las o melhor possível![2]

O mesmo cuidado ocorria com benfeitores ou famílias das Irmãs que moravam fora de Pouso Alegre e ficavam hospedadas na portaria. Ou com membros das famílias dessa cidade, quando ficavam gravemente doentes: Mãezinha lhes enviava sopa ou biscoitinhos, enquanto du-

[2] Madre Maria Imaculada da Ssma. Trindade. **Carta a Fernando de Oliveira Côrtes, a 8/5/1971.** In: Arquivo do Carmelo da Sagrada Família. Epistolário ativo, pasta M-08.

rasse a doença. Quando havia um luto, acolhia a família no Carmelo, após o sepultamento do ente querido e lhes servia uma refeição, carinhosamente preparada com o melhor que se tinha.

Os pobres eram recebidos com carinho. Inúmeros deles receberam refeição no Carmelo ou doação de mantimentos. Isso chegava a preocupar alguns benfeitores, mas Mãezinha dizia que Deus lhes dava tanto, que era uma alegria e um sinal de gratidão poder repartir. Ainda hoje, quando chega um pobre, as Irmãs dizem: "Chegou um Jesus. Está pedindo almoço!"

Certa vez, uma pobre mulher veio pedir arroz. A Irmã Externa avisou a Irmã da portaria interna, que disse que o arroz estava no fim! Mesmo assim, ela falou com Mãezinha, que pediu para dar o restinho. E deram. Meia hora depois, chegou um fazendeiro, doando uma saca de arroz de 60 kg!

Os operários do Carmelo recebiam três refeições por dia; no Natal, uma soma a mais em seu salário, mantimentos e algum presentinho simples, mas delicado. Mãezinha sabia de suas histórias de vida e de seus problemas de família. Preocupava-se com sua conduta moral e espiritual e procurava auxiliá-los, direta ou indiretamente.

Tinha um cuidado extremo com os sacerdotes. Não permitia a mínima crítica contra eles. Acolhia-os com grande respeito e espírito de fé. Havia um sacerdote alcóolatra na cidade, que a procurava para seus desabafos. Mãezinha rezava muito por ele e por sua cura. Um tanto descompensado, por um período, ele vinha almoçar quase todos os dias no Carmelo, até que Dom José soube da situação, por intermédio de terceiros, e colocou fim naquelas refeições.

Em um dia de festa, as Irmãs se surpreenderam com Mãezinha jejuando a pão e água. Questionada, ela confessou que era por um sacerdote que estava a ponto de abandonar o ministério. Ela assumiu, com todas as consequências, o que respondera no questionário de sua Profissão Temporária: que vinha ao Carmelo para rezar e se sacrificar pelos sacerdotes.

Embora com tantas obras, a generosidade de Mãezinha não era encurtada pelas dificuldades econômicas que passava. Quando Irmã Maria de Lourdes recebeu sua herança, ela lhe propôs doar uma bolsa de estudos para um seminarista pobre. Estando o Seminário Arquidiocesano em construção, ela vendeu um dos terrenos contíguos ao Carmelo velho e doou o valor para essas obras. Na construção da Matriz da Paróquia de Nossa Senhora de Fátima, Mãezinha propôs às Irmãs fazerem a doação do futuro sacrário, o que foi aceito com alegria por todas.

Ela cuidava com empenho da saúde das Irmãs. Velava para que a alimentação fosse forte e bem preparada, suprindo as necessidades das mais fracas. Há um bilhetinho seu, para Irmã Maria Stella, que o demonstra bem:

> Madre Subpriora,
>
> Quero que dê manteiga às [Irmãs] que não estão jejuando e às porteiras. Se não der a que se faz em casa, mande comprar. Desejo que se trate bem das porteiras e Veleiras.

> Mande pôr carne e tratar bem da Irmã Jacinta Maria, pois ajuda seu restabelecimento. Acho bom pôr mingau para Ana Maria também. Ela é criança e precisa de boa alimentação. V. Reverência podia olhar a comida delas, pois outro dia achei pouca e até falei com a provisora. Às vezes, esquecem de servi-las de todos os pratos que fazem. Olhe também a comida do Velho[3].
> Desejo que tratem todos os que nos rodeiam como se fossem o próprio Jesus.
> Para as Irmãs de dentro, que não jejuam, V. Reverência podia encarregar a Irmã do café para dar a manteiga.
> É bom V. Reverência ver também se estão passando pitança[4] para as Veleiras e porteiras. Outro dia, mandei comprar laranja e não sei se lembraram de pôr para elas. Quando comprar laranjas, podiam pedir um pouco mais e dar às Irmãs de dentro também. Todas gostam.
> Essas coisas não nos empobrecem, porque Jesus gosta da caridade e manda dobrado o que damos às suas esposas. Não adianta querer dar aos pobres, se não damos o que é preciso às pobres que estão junto de nós.
> Tudo por Deus![5]

O apelativo de "Mãezinha" pode dar impressão de dependências afetivas ou infantilismos. A realidade, no entanto, não era assim. Era "Mãezinha" no "gerar", alimentar, educar a vida divina nas almas. Quando percebia algum apego à sua pessoa ou dependência, reagia de imediato. Às vezes, chegava a ser muito mais firme do que as Irmãs desejavam. Mas, com o passar do tempo, elas a compreendiam e lhe davam razão. Escreveu a uma Irmã que era preciso aprender a resolver as coisas sem ela e não ficasse como gente infantil, pois nem sempre a teria. Que fosse adulta, pois o Concílio reprovou o maternalismo e quer que cada um se responsabilize por seus atos.

[3] Muito provavelmente, o Vô Quinista.

[4] Sobremesa.

[5] Madre Maria Imaculada da Ssma. Trindade. **Bilhete à Irmã Maria Stella da Eucaristia, em outubro de 1970.** In: Arquivo do Carmelo da Sagrada Família. Epistolário ativo, pasta M-10.

Mãezinha com parte da Comunidade, em 1980

Provia a tudo o que as enfermas precisavam, mas, uma vez debelada a doença e fortalecidas, logo entravam no ritmo normal da Comunidade, no que se refere à assistência aos atos comunitários, alimentação comum, jejum e trabalho.

Sabia ver as necessidades de cada uma. Percebia quando uma Irmã não se alimentava bem, no refeitório, e depois, chamava-a para ver o que se passava e se havia necessidade de algo especial. Não permitia que as Irmãs que trabalhavam pesado jejuassem; mandava que tomassem um lanche, às 15h, que rezassem o Ofício das Leituras em particular e repousassem logo.

Controlava tudo o que se passava na portaria. Velava com extremos de carinho pela Capela. Se um vaso de flores começava a murchar ou uma toalha estivesse torta e as Veleiras não percebiam, logo chegava um bilhete da Mãezinha, pedindo a correção da falha.

E, principalmente, preocupava-se com a formação espiritual de cada uma. Atendia-as mensalmente e quantas vezes fosse necessário, em caso de sofrimento ou crise. Mesmo doente. Por muitos anos, contou com o auxílio de um excelente confessor e diretor espiritual, sacerdote da Congregação dos Filhos de Maria Imaculada, os Pavonianos: Padre Carlos Colombo, a quem ela e as Irmãs muito devem.

Procurava bons pregadores para o retiro comunitário anual. Uma vez por semana se reunia com as Irmãs, para a formação permanente, além do Capítulo semanal. Um de seus pronunciamentos nessas reuniões foi gravado em fita cassete e transcrito. Dá-nos uma amostra:

> Estaremos cumprindo nossa missão na Igreja, como deve ser a vocação da Carmelita, como para tal fim Santa Madre Teresa reformou o Carmelo?
>
> Penso que não, pois para isso, deveríamos ser santas, e estamos longe disto. Como S. Madre, no "Caminho de Perfeição", logo no início, fala da finalidade pela qual fundou o Carmelo de S. José, de nossa missão.
>
> Se nos últimos capítulos, ela nos exorta à vida de recolhimento e de oração, do 4º. até mais ou menos o 16º., ela só trata das virtudes necessárias a quem deseja fazer progresso na vida espiritual ressaltando sobretudo as 3 principais: caridade, desapego e humildade. Embora esta seja colocada em último lugar, é a principal. Sem humildade não é possível vida interior, vida de recolhimento e oração.
>
> Tenho observado, após esse tempo de provação por que passamos, muitos pontos falhos, nos quais as Irmãs estão decaindo. Está certo que nós sofremos momentos difíceis e que minha vida poderia ter sido cortada, como os próprios médicos acharam[6]. Mas creio que a nuvem negra já passou, e exorto-as a uma verdadeira renovação, sobretudo em dois pontos principais: silêncio e caridade.
>
> Lembrem-se de que estamos a serviço da Igreja, somos almas consagradas, não nos pertencemos. Pensemos na grandeza de

[6] Refere-se ao período em que teve de ser internada por uma grave infecção na perna.

nossa vocação, na grandeza de nossos Votos religiosos, que dão valor imenso às nossas ações. Se toca o sino e eu obedeço, estou praticando um ato da virtude de religião; o mesmo se vou dormir, se vou ao refeitório.

Procurem reler o "Catecismo dos Votos".

Como almas consagradas, a Igreja espera muito de nós. O Santo Padre pede orações, insistentemente, e se as coisas não vão bem, temos grande responsabilidade.

Ponhamo-nos na presença de Deus e procuremos voltar 5 anos atrás. Como éramos, então, e como somos agora? Houve melhora? Houve progresso? Por que, com o passar dos anos, vamos retomando o que demos? É como se colocássemos a vítima sobre o altar, para o sacrifício, e fôssemos tirando os pedacinhos. Deus não gosta de rapinas no holocausto.

Cuidado! Aqueles que renegaram a Deus e que eram almas perfeitas, sacerdotes fervorosos, não caíram de uma vez. Foram tombando aos poucos... Impressiona-me o Padre Roldhen, sacerdote que nos deixou tão lindo livro como o "Almas Eucarísticas", apaixonado por Jesus! E depois? Não só deixou a Religião, como passou a escrever o contrário do que ele pregava.

Silêncio e caridade, pontos básicos para a vida de união com Deus. No entanto, como vossas caridades não se esforçam por um trabalho sério! É como foi lido em Santa Madre: o necessário é querer. É preciso que se esforcem, que queiram. Não basta, não adianta nada ter confessor, ter um guia, uma pessoa santa que dirija. Tudo depende do querer de cada uma.

Prometam a Jesus um trabalho sério. Façam tudo para observar a caridade, o mandamento de Jesus!

Deus é tão bom para nós! Tenho receio que Ele retire seus favores devido às nossas infidelidades. Lemos, na história de Israel, como Deus os favorecia quando eles se voltavam só para Ele, mantendo-se fiéis aos seus preceitos. Mas quando se afastavam, Deus lhes enviava castigos... O mesmo pode acontecer conosco.

Ele olha para nosso esforço e perdoa se alguma cair, contanto que se arrependa.

O justo tudo alcança de Deus. Lendo a história de Elias, compreendemos melhor essa verdade. Três anos de terrível seca. Elias reza... nada. Elias reza e a chuva cai. A oração do justo obteve o favor de Deus, pois "se Deus governa o mundo, a oração governa Deus". A oração do justo é poderosa!

E o que é ser justo? É dar a Deus e aos outros o que lhes é devido. Oração! Silêncio! Caridade! Tomem um propósito sério: "eu não falarei". As faltas de caridade vêm da falta de silêncio. Basta querer não dizer uma palavra.

Conta-se que uma santa perguntou ao seu irmão – acho que S. Escolástica a S. Bento – o que era preciso para ser santa, ao que ele respondeu: "Querer". E às outras suas perguntas, a resposta foi a mesma: "Querer, querer".

Empenhem-se nisso!

Fidelidade ao silêncio! Ninguém falta sozinho ao silêncio. Se uma Irmã se cala, a outra compreende, evitando-se aí as grandes faltas de caridade. Como diz um missionário: "Se a pessoa que fala mal tem o demônio na língua, quem escuta tem o demônio no ouvido". E quanta imprudência no falar... Apegam-se a coisinhas...

Caridade em saber desculpar, em saber perdoar as faltas alheias. Abster-se de censurar, de julgar, de querer corrigir, de apontar os defeitos alheios.

Certa vez, em Campinas, uma das Irmãs pediu a Dom Barreto, em uma de suas visitas, que deixasse um pensamento para as Irmãs. E ele nos deu isto, conforme os ensinamentos de uma Madre, cuja vida ele leu: "Tende um coração de filhos para Deus, um coração de mãe para com o próximo e um coração de juiz para convosco mesmas". E de um pregador de retiro: "Devemos sofrer tudo de todos e não fazer ninguém sofrer".

E nós procuramos sempre inverter: somos mães para nós mesmas e juízes para os outros.

Coloquem-se diante de Deus e façam um exame de consciência. Vejam suas faltas e não o que existe nos outros, pois cada uma deve cuidar de si mesma. No julgamento final, ninguém vai prestar contas das faltas alheias, mas sim das próprias.

O demônio não perde tempo! Procura devorar-nos!

Quando se guarda o silêncio, vive-se em um ambiente de paz, pois cada uma terá certeza de que existe a caridade, e "onde há caridade, Deus aí está". Onde não reina a virtude, Ele se afasta.

Quando deram o nome ao nosso Carmelo, por ocasião da fundação, fiquei feliz, e não haveria outro nome tão apropriado: Carmelo da Sagrada Família. E no dia seguinte à nossa chegada, no coro, com a grade ainda aberta, permitindo-me ver o sacrário, eu pedi a Jesus para que nosso Carmelo fosse uma cópia da Sagrada Família. Depois, quando mudamos para o Carmelo novo, refiz o meu pedido. Que nossa Comunidade vivesse como a S. Família, em um ambiente de união, de paz e de caridade. E se não houvesse caridade entre nós, que Deus acabasse com o Carmelo. Pedi a Ele essa graça, e sofro quando noto falhas nesta virtude, pois sem ela, vêm outras faltas.

Trabalhem, esforcem-se para que não aconteça conosco, no futuro, o que está acontecendo em tantas Comunidades.

Peçamos esta graça a N. Senhora do Carmo e a nosso Pai Santo Elias: vida de silêncio, de caridade! Eles, cujas festas celebramos neste mês, nos atenderão.

Bastava olhar para Santa Teresinha, como lemos na história de sua vida, para as Irmãs sentirem a presença de Deus que irradiava de seu recolhimento e união com Deus.

O mesmo esperam de nós as nossas postulantes, tão desejosas de perfeição. De nada adiantará eu falar a elas, no Noviciado, sobre as virtudes e o espírito do Carmelo se elas não virem exemplo nas Irmãs. E a Comunidade é responsável pela formação das postulantes e noviças.

Releiam o "Catecismo dos Votos" e também as primeiras páginas do Cerimonial antigo, o "Papel de Exação".

Observem o silêncio e tudo se transformará. O Concílio não aboliu certos pontos de nossa vida. Na "Perfectae Caritatis" afirma-se o valor do silêncio e da penitência, válidos e necessários ainda nos tempos de hoje.
O nosso silêncio não deve ser algo exterior, isto é, estéril, formal. É para nos ocuparmos com Deus, como já falei sobre Santa Teresinha.
Silêncio nos lugares determinados, como no coro. Estamos na presença de Jesus! Não procurar "ver" nada, a não ser Deus!
Não procuremos, com nossas falhas, escandalizar as principiantes. Olhem o que Jesus nos fala a respeito no Evangelho: "Ai daqueles que escandalizarem os pequenos! É melhor atarem ao seu pescoço uma mó – uma pedra – e lançarem-se ao mar" (Lc 17,2).
Silêncio no antecoro. O armário das capas está lá, agora, mas ninguém deve falar ali e nem no quarto dos sinos. Em caso de necessidade, vão ao antigo quarto das capas.
Silêncio no ofício do refeitório. Modéstia da vista durante as refeições: cada uma com Deus só. Ali está alguém a presidir, está a provisora e servidora para ver as necessidades das Irmãs.
E ninguém deve se ausentar dos atos comunitários: meditação, refeição, oficiais da louça, para irem a lugar algum sem a devida licença.
Modéstia da vista pelo meio da casa.
Quanta coisa podemos dar a Deus e, pelos Votos, tudo tem um valor imenso. Pensem nisso. Deem isto a Jesus!
Um barco com buraco no fundo faz com que a água entre e, com isto, na medida em que vai entrando mais água, mais água, o que acontece? O barco vai a pique. O mesmo acontece com nossa vida espiritual, se não procurarmos nos corrigir, se não nos empenharmos verdadeiramente na santidade.
Peçamos, então, a N. Senhora do Carmo e a Santo Elias que nos ajudem, pois sem a graça de Deus, de nada somos capazes, e com Deus, tudo podemos, desde que o queiramos.[7]

[7] Madre Maria Imaculada da Ssma. Trindade. **Alocução no Capítulo de 22/7/1979.** In: Arquivo do Carmelo da Sagrada Família. Escritos Espirituais, pasta M-17.

A transcrição passou pela aprovação de Mãezinha, que acrescentou: "O que falei de Santa Madre não foi referente ao silêncio, mas sim à caridade. Em uma roda onde se achava Teresa, nunca se falava do próximo. Ela o desculpava sempre. E quando não o podia fazer, mudava de assunto". Como se vê, Mãezinha não abrandava as faltas de suas filhas, mas procurava corrigi-las e fazer com que retomassem a rota, quantas vezes houvesse um desvio.

Mãezinha com a Comunidade em 1982

Em seu afã pela formação permanente, buscava adquirir todo livro bom do qual tivesse notícias por intermédio de Padres ou outras Prioras; não se preocupava somente com seu Carmelo, pois pedia às Irmãs do Carmelo de Cotia, que trabalhavam com traduções, que traduzissem e conseguissem editar alguns livros em francês que ela julgava poder auxiliar o Carmelo Descalço no período de renovação pós-conciliar. O L'Osservatore Romano era lido continuamente no refeitório, para que as Irmãs acompanhassem os acontecimentos da Igreja e por ela rezassem.

Sofreu muito com a saída de três Irmãs Professas: duas se transferiram para outros Carmelos e uma se secularizou. Para seu coração de mãe, talvez esse tenha sido um dos maiores sofrimentos. Mas Mãezinha aceitava a vida como era, e não como desejava que fosse. Vivia os problemas até o fundo, aceitando as suas limitações e as de suas filhas. E, "caminhando na verdade" – expressão de Santa Teresa de Jesus para definir a humildade –, encontrava a sua paz.

Embora tivesse que se comunicar muito, dado o seu ofício, era uma pessoa de silêncio. Um silêncio que partia de dentro, e irradiava, pois vivia na Presença de Deus. Verdadeiramente, de seu interior jorravam rios de água viva, que aliviavam e alimentavam suas filhas e as pessoas que atendia no locutório, ou as quais se correspondia. A assistência ao locutório era uma das coisas que mais exigia sacrifício de Mãezinha, pois tinha que ficar com a perna inchada dobrada. Na clausura, ficava, a maior parte do tempo, com os membros inferiores esticados e suspensos por um travesseiro, o que lhe trazia algum alívio. Mas no locutório isso não era possível, e as pessoas nem podiam suspeitar o que ocorria, dado a alegria e disponibilidade com que as atendia.

E a ela acorriam pessoas de todos os tipos: pobres, ricas, cultas ou não, religiosas, sacerdotes, seminaristas, espíritas, protestantes, adolescentes, idosos!... Mãezinha não julgava, não cobrava atitudes. Mostrava o Essencial da vida – Deus e seu projeto de vida para o ser humano –, dava exemplos da vida de Jesus, Maria Santíssima e dos Santos, e o interlocutor era livre para seguir ou não suas orientações. Não se escandalizava com nada. Transmitia esperança e o amor incondicional de Deus por eles. E prometia suas orações. Saindo do locutório, ela anotava num caderno os nomes, o resumo do problema, as datas de aniversário, casamento e morte de entes queridos dessas pessoas. E rezava.

Seu poder intercessor, ainda em vida, era grande: a uma senhora que sofria por não ter filhos, e era maltratada pelo marido por isso, ela afirmava: "Confie! Você terá um filho!" E contra o diagnóstico da Medicina, ela engravidou e teve um bebê. O mesmo se deu com outra pessoa, que também não conseguia engravidar. Mãezinha prometia orações, afirmando que os filhos chegariam. Quando nasceu o terceiro filho, ela veio agradecer Mãezinha, dizer que estava muito feliz, mas que ela podia parar de rezar, pois três já era um bom número!

Era uma verdadeira mistagoga, conduzindo suas filhas e amigos na vida espiritual, alertando para obstáculos, incentivando à generosidade e fidelidade, levando-os a se enamorarem por Cristo. Ensinava leigos a rezarem, jejuarem, a oferecerem a Deus pequenos sacrifícios, impulsionava-os a se engajarem nos trabalhos da Paróquia e da Arquidiocese.

Pessoas afirmam que ela lhes modificou o caráter, educando-as; que lhe devem a vida, diante da tentação de suicídio; que sua família e seu casamento se mantiveram em pé devido a seus conselhos e consolo.

Outro campo de missão para ela era a correspondência. Era extremamente grata: agradecia, por meio de cartões e cartas, desde um trabalhinho de mão feito pelas vocacionadas na portaria do Carmelo, como as grandes doações. Além das missivas de agradecimento e de Natal, havia as numerosas cartas pedindo conselhos, oração, conforto. Às vezes, a pessoa recebia a carta, mostrava-a para amigos, e estes também se sentiam impelidos a lhe escrever, confidenciando seus problemas. Isso ocorria dos amigos mais próximos às pessoas totalmente desconhecidas. Um exemplo:

> Pouso Alegre, 4 de junho de 1984.
> Irmã Maria Imaculada (Mãezinha),
> Querida Mãezinha, em primeiro lugar, espero encontrá-la bem, na graça de Deus e peço à senhora bênçãos para mim, para o meu marido e filho.
> Minha vida não vai bem, pois meu marido bebe muito e trabalha pouco. Quase não aparece serviço [para] ele. [...] Tem tempo que passa mais de duas semanas e nada de dinheiro, principalmente agora. Ele fuma e bebe, tudo fiado; o dia que ganha um dinheirinho, não dá nem para isso. Ele fica nervoso. Chega em casa,

> quer comida. Se não tem, ele manda o menino para a cama e fica dizendo que vai quebrar tudo: dá murros nas paredes, coices nas portas, apanha facas, abre um canivete que tem e risca tudo; quer rasgar os outros.
> Eu tenho 24 anos, meu filho tem 3 e ele tem 28!
> Uma amiga minha contou-me da existência da senhora (Mãezinha) e eu resolvi escrever para aliviar-me, pois é triste. Enquanto estou escrevendo, estou chorando de soluçar. Fechei até as portas e as janelas para [que], se chegar alguém, não me vejam chorando, pois não conto a ninguém. Estou escrevendo de lado; a mesa está toda molhada de minhas lágrimas. Espero uma palavra de consolo da senhora, Mãezinha.
> Eu acho que eu não sou ruim: eu sempre ajudo os outros.
> Minha amiga sentiu-se muito bem depois que se comunicou com a senhora, Mãezinha. Eu li até a resposta que a senhora mandou para ela.
> Agora vou parar. Não posso mais escrever. O meu pranto está demais.
> Desculpe-me a letra: não sei escrever bem, pois fiz só o 4º. ano.[8]

Mãezinha ficava até tarde da noite respondendo a essas pessoas. E não só respondia, como tentava fazer algo quando era possível. A respeito da carta acima, ela pedira à Irmã Maria Angélica, Irmã Externa, que tentasse chegar até a pessoa e, discretamente, prestasse todo o auxílio possível, conseguindo também que outras pessoas, amigas do Carmelo, pudessem se empenhar em auxiliar essa situação tão dolorosa. Um caso, entre vários. Mãezinha era uma pessoa disponível para o outro. Consumia sua vida pelos outros, por ver neles Jesus.

Nos últimos anos, ela dormia num pequeno divã, muito simples, estreito e antigo, onde também passava o tempo que não estava no locutório ou em atos comunitários, para manter a perna elevada. Ali, atendia as Irmãs, decidia as questões acerca da administração do mosteiro e escrevia suas cartas,

[8] Para não expor a pessoa, não colocamos aqui seu nome. **Carta à Madre Maria Imaculada da Ssma. Trindade, ocd.** In: Arquivo do Carmelo da Sagrada Família. Epistolário ativo, pasta M-12.

apoiando a folha numa tabuinha de madeira, sem verniz. A simplicidade e o espírito de sacrifício nela eram naturais, sem afetação, sem dramas.

Mãezinha com o pandeiro

Sua alegria era contagiante e serena. Tinha os olhos em Deus e a partir Dele, ancorada Nele, conseguia dar o verdadeiro peso a cada coisa e acontecimento. Sabia, como sua Mãe, Santa Teresa, que "tudo passa e só Deus não muda!"

— VIII —

AS DUAS ÚLTIMAS DÉCADAS DE VIDA

Existem momentos difíceis, tempos de cruz,
mas nada pode destruir a alegria sobrenatural,
que se adapta e transforma,
mas sempre permanece pelo menos como um feixe de luz
que nasce da certeza pessoal de, não obstante o contrário,
sermos infinitamente amados.
(*Gaudete et exsultate,* 125)

Em setembro de 1971, Mãezinha inicia um retiro particular, fora do tempo de costume, e demora a dele sair. Nesse retiro, queima muitos papéis. Eram suas anotações particulares. Logo depois, anuncia às Irmãs que terá que ir a Campinas para tratamento de saúde, o que se dá a 14 de outubro. Dom José se dispõe a levá-la, juntamente com Irmã Maria Stella. Uma semana depois, ele vem celebrar uma Missa na intenção de Mãezinha e vai ao locutório com as Irmãs, onde lhes informa que ela seria submetida a uma cirurgia. Era o câncer na perna, mais uma vez. Dom José a visita, volta para trazer notícias às Irmãs e, por fim, busca-a em dezembro. As Irmãs pareciam sonhar quando a viram retornar!

Meses depois, Mãezinha sofre outro abalo: sua querida mãe, que era cuidada por Maria José, falece, como um passarinho, em sua casa. Antes, porém, sabendo Dom José do estado precário da saúde de Dona Maria, vem ao Carmelo oferecer à Mãezinha a licença para ir visitá-la, em Belo Horizonte. Mãezinha não aceita:

– Eu fiz o sacrifício, a renúncia total, de uma vez para sempre.

– Sim, o sacrifício é seu, mas não da senhora sua mãe!

– Quando eu me fiz religiosa, minha mãe sabia que o sacrifício não era só meu, mas também seu. E tenho certeza de que ela, com alegria, aceita essa renúncia.

E Dom José partiu, admirado, mais uma vez, com sua amiga. E Mãezinha sorve, até a última gota, esse cálice de dor.

Sua saúde continua a oscilar: por duas vezes vai ao Rio de Janeiro para tratamento médico. Procura acelerar as obras que faltam, e assim, promove a arrumação do pátio externo do Carmelo. Pensa que talvez consiga um período de mais tranquilidade para as Irmãs depois dessa obra, quando, para a sua surpresa, o Provincial da Ordem vem ao Carmelo, pedindo o auxílio de duas Irmãs, como Priora e Subpriora, para revitalizar o Carmelo de Marília, SP. Irmã Maria Stella se voluntaria a ir, pedindo a companhia de Irmã Maria Teresa, que também aceita. Mãezinha sabia, de antemão, que as coisas não seriam simples e que a ajuda não se restringiria às duas religiosas. De fato, foram três anos de muita preocupação para ela, de correspondência contínua com as Irmãs, e de envio, também contínuo, de outras Irmãs para darem suporte à missão. Por fim, para a dor de Mãezinha e de todas, o Carmelo é supresso, e as Irmãs retornam, no final de 1980.

Na época desse auxílio em Marília, a saúde de Mãezinha se abala fortemente, de maneira que no dia 14 de fevereiro de 1979, ela se vê constrangida a ficar acamada. Os médicos tentam tratá-la no Carmelo, mas no dia 20, faz-se necessária a internação.

Como ela deseja muito passar a Semana Santa no Carmelo, os médicos a liberam. Chega em estado de grande fraqueza ao mosteiro. Participa, de cadeira de rodas, da tradicional cerimônia carmelitana do jantar de Jesus: convida-se um pobre – no caso do Carmelo da Sagrada Família, convida-se uma família – para vir almoçar na portaria. Na clausura, no refeitório, diante de uma imagem de Jesus, a Priora leva todos os pratos – o melhor que se tem para oferecer –, artisticamente enfeitados, e os oferece a Jesus, em clima de silêncio e oração. Em seguida, a Priora os distribui às Irmãs, que os levam, em procissão, para a portaria, onde será servido a Jesus, presente nos pobres.

Três dias depois, Mãezinha, esgotada, tem que retornar ao hospital. Suspeita-se que seja uma trombose na perna doente. O caso é gravíssimo, e Mãezinha não reage, piorando dia a dia. Nesse período de internação, Dom Delfim, agora Bispo de São João Del Rei, é abordado, na praça dessa cidade, por um rapaz desconhecido que lhe diz que deve ir com urgência a Pouso Alegre. E o jovem desaparece.

Preocupado, Dom Delfim liga para Dom José, que o põe a par do estado de Mãezinha. Ele vem de imediato. Vai primeiro ao Carmelo, onde celebra uma Missa e conversa com as Irmãs. Em seguida, vai ao hospital, acompanhado por Dom José, e encontra Mãezinha muito mal, desacordada. Depois de um tempo de oração, dá-lhe uma bênção e se despede.

No mesmo instante, Dr. Caruso, médico amigo de Mãezinha, que estava no centro de Pouso Alegre, sente o impulso de visitá-la. Encontra-a no mesmo estado que Dom Delfim, mas quando resolve ver sua perna, nota um líquido escuro, que molha a cama. Em algum lugar a perna vazara e isso foi a salvação de Mãezinha. A partir daí, passa a melhorar, pouco a pouco. Deixa o hospital no dia 16 de abril. Mas ainda será preciso um bom tempo de repouso.

Mãezinha chegando do hospital, acompanhada por Dra. Armanda Magalhães e Irmã M. Stella

Recobrando um pouco das forças, Mãezinha promove a construção de uma nova enfermaria, a ampliação da cozinha e provisoria, a construção do cemitério, das pistas do quintal e da gruta de Nossa Senhora de Lourdes. Repinta todo o prédio e finaliza a Capela. Como sempre, estando à frente de tudo o dedicado Pai Fernando.

Sonha em fazer a Sagração da Capela no dia 26 de outubro de 1983, 40 anos da fundação do Carmelo. Mas uma nova provação a atinge: seu grande amigo, Dom José, está gravemente enfermo. Decide, então, esperar por sua melhora, que pede instantemente a Deus. E para a alegria de toda a Arquidiocese, Dom José melhora. A Sagração da Capela é agendada para o dia 29 de outubro de 1984. Para a solenidade, as Irmãs confeccionam um maravilhoso jogo de toalha e alfaias, um lindo paramento, onde foi pintado o rosto do Menino Jesus Esmoler, que construíra aquela casa. Tudo foi preparado da melhor forma possível, com carinho de esposas.

Com muita emoção, Pai Fernando aceita o convite a fechar com cimento o pequeno nicho no altar, onde são depostas por Dom José as relíquias de Santa Perpétua e São Benigno. Dessa forma, com chave de ouro ele fecha os trinta anos de trabalho dedicados ao Carmelo, ou melhor, ao Patrãozinho!

A cerimônia toda foi uma experiência da liturgia celeste. No recreio da noite, Mãezinha extravasa sua incontida alegria e gratidão a Deus, dizendo:

– Agora posso cantar o meu *Nunc Dimittis!*

Sagração da Capela: Pai Fernando e Dom José depõem as relíquias no altar

Dois meses depois, no Capítulo de janeiro, Mãezinha exorta as Irmãs a se dedicarem com mais empenho na construção espiritual de suas almas, uma vez que as obras na casa estavam concluídas e não era mais necessário trabalhar tanto. Mas a "trégua" durou pouco, pois aprouve a Deus guardar o "descanso" do Carmelo da Sagrada Família para o Céu!

A 24 de agosto, Frei Patrício Sciadini, Provincial OCD e Dom Carlos Alberto E. J. Navarro, Bispo de Campos dos Goytacazes, RJ, escrevem a Mãezinha, pedindo uma fundação nessa Diocese, dividida pelo cisma de Marcel Lefebvre, para que as Carmelitas rezassem pela unidade dessa Igreja particular. Mãezinha, depois de rezar, escreve a Dom José:

> Venho comunicar-lhe uma surpresa que foi, para nós, o pedido de uma fundação. Depois que se fez público que o Carmelo de Belo Horizonte ia fazer a fundação em Sete Lagoas, apareceu grande número de vocações para nós. Tudo isso parecia prever que a Comunidade devia desdobrar-se, como V. Excia. mesmo nos falou na última visita com que nos alegrou. Mas Deus tem sua hora, e essa manifestou-se de modo muito sobrenatural, pois não conhecemos Dom Navarro, e ele também não nos conhece, e não indicou nome algum, como o fez Dom José Lima, que desejava Irmã Maria Stella;

e ela, não estando em condições, foi pedir em outro Carmelo. Também, não merecemos o bom conceito que fazem de nós e V. Excia. bem conhece as nossas limitações. É sempre o bom Deus querendo servir-se do que é fraco, pobre e pequeno, para confundir os fortes. Aguardo sua resposta, como um sinal da vontade de Deus, e se é isso que Ele quer de nós.

Envio-lhe as cartas recebidas: a 1ª. é de Frei Patrício, e como fala em segredo, guardei-o somente com Deus, e rezando para que tudo se realizasse segundo o querer Dele; a 2ª. é a carta conjunta de Dom Navarro e Frei Patrício; embora tendo a data de 24 de agosto, só chegou aqui no dia 23 de setembro; a 3ª. é de Dom Alberto Navarro, em que expõe os motivos e seu desejo da fundação. Consideramos a gravidade do caso, que parece ser um estímulo para nós, de maior esforço na perfeição, a fim de dar conta de real ajuda ao muito provado Bispo.

Peço-lhe a caridade de devolver as cartas, a fim de respondê-las, e poderão servir também ao histórico desta inesperada fundação. Gostaria também que o Pai Bispo indicasse os dias em que estará fora de Pouso Alegre, pois seria bom que Dom Navarro o encontrasse, quando vier aqui.

V. Excia. vai a Roma? Não sei se terá tempo de aparecer aqui, pois queria pedir-lhe de ir a São Damião, e ver de perto o lugar onde apareceu N. Senhora das Rosas. Dizem que lá se opera muitos milagres, e o Pai Bispo beberia da água do poço que N. Senhora benzeu. Tenho muita confiança de que a Mãe do Céu vai livrá-lo das dores e curá-lo totalmente.

Pedindo a Deus que o ilumine e o recompense pela caridosa ajuda que nos dá, toda a submissão, respeito e estima da filha e serva em Jesus, Maria e José,

Irmã Maria Imaculada, c.d.

Quer levar biscoitinhos na viagem?[1]

[1] Madre Maria Imaculada da Ssma. Trindade. **Carta a Dom José d'Ângelo Neto, a 26/9/1985.** In: Arquivo do Carmelo da Sagrada Família. Epistolário ativo, pasta M-16.

Já antes, Mãezinha tinha recebido muitos pedidos de fundação. Recusara-os, por julgar que a Comunidade não estava suficientemente madura e porque queria que as fundadoras fossem somente do Carmelo de Pouso Alegre, para facilitar, por terem os mesmos costumes, formação e mentalidade.

Agora, percebe nesse pedido – tão sobrenatural, pois Dom Carlos Alberto não conhecia esse Carmelo e aceitara a indicação de Frei Patrício –, a voz de Deus, dizendo ter chegado a hora. Reúne o Conselho. Logo as Irmãs pensaram na distância Campos a Pouso Alegre: mais de 650 km e o clima totalmente diferente do que estavam acostumadas! Mas Mãezinha não via nisso um obstáculo, e sim mais matéria para o sacrifício em prol dessa obra! Mostrou às Irmãs a necessidade de um Carmelo nesse local e que ela via que soara a hora de Deus.

Depois, fala da mesma forma com todas as Irmãs professas. Feita a votação, dias depois, a fundação é aceita pelo Capítulo do mosteiro. Mãezinha, então, comunica a Dom Carlos Alberto e Frei Patrício a resposta positiva. Eles agendam para o início de janeiro uma visita ao Carmelo. O diário do Carmelo resume a conversa no locutório e os pronunciamentos feitos durante a Santa Missa, por eles concelebrada:

> Frei Patrício disse-nos que havia indicado o nosso Carmelo a Dom Carlos por três motivos: 1º. – por ser um Carmelo fiel à Igreja e à Ordem; 2º. – por ser observante e fiel à clausura teresiana; 3º. – por ser numeroso e fecundo em vocações, o que é sinal de uma visível bênção de Deus; e que, para uma fundação, é preferível que os membros sejam todos de um único Carmelo, a fim de levarem para o novo pombalzinho o mesmo espírito bebido de uma mesma fonte. Isto, evidentemente, é melhor do que pegar monjas de vários mosteiros, embora isto também, às vezes, seja bom, mas não é o melhor, disse Frei Patrício. Às 14h, houve Missa concelebrada pelos ilustres visitantes, em louvor a Sta. Madre Teresa, com cânticos e uma belíssima homilia feita pelo nosso Pro-

> vincial, frisando bem que, quando um mosteiro empreende uma fundação, é todo o Carmelo, todos os membros da Comunidade que o fundam; exige participação e empenho responsável de cada Irmã, quer seja escolhida, quer não, para partir. E que não são mais as que vão, nem menos as que ficam: todas são igualmente fundadoras pela oração, pelo sacrifício e doação generosa. Ao final da Missa, Dom Carlos disse umas lindas palavras que, resumidas, são o seguinte: Ao deixar o seio do Pai e vir ao mundo, Jesus, o Verbo, não deixou de permanecer no seio da Trindade e nem ficou menor ou menos Deus por ter se humanado; vivendo entre os homens, não deixou de viver no convívio da Família Trinitária. Assim, as que forem escolhidas para a árdua empresa da nova fundação, hão de permanecer sempre unidas aqui, num mesmo amor e espírito.[2]

Mãezinha se empenha de uma maneira muito bela e ativa na preparação dessa fundação. A base: a oração. Reúne toda a Comunidade e pede que façam juntas uma novena a S. José, Santa Madre Teresa e S. Miguel Arcanjo. Terminada esta, que todas – mesmo as postulantes –, escrevessem para ela: a) quais Irmãs julgava que deveriam compor o grupo fundacional; b) se estava disposta a ir; c) quais suas disposições em relação a essa fundação. Acentua que todas eram livres para aceitar ou não. As respostas seriam guardadas em sigilo por ela. Lendo o que lhe escreveram, ela somente comunica às Irmãs, com grande alegria para seu coração de fundadora e mãe, que todas se colocaram nas mãos de Deus com total disponibilidade. A partir disso, ela escolhe as Irmãs fundadoras.

Ainda em janeiro, Irmã Maria Teresinha e Irmã Maria Stella vão a Campos para conhecer a casa na qual Dom Carlos Alberto pensava em instalar provisoriamente o Carmelo. Havia sido sede de um convento e

[2] **Diário do Carmelo da Sagrada Família,** Vol. IV, fol. 155v-156. Arquivo do Carmelo da Sagrada Família.

estava desocupada. Possuía muitos quartos e um quintal relativamente grande. Ficava num bairro periférico de Campos. Elas veem ser possível a transformação do local em um mosteiro e indicam as adaptações necessárias para a guarda da clausura.

Irmã M. Teresinha e Irmã M. Stella visitam a casa que seria o Carmelo provisório de Campos, com Dom Carlos

Enquanto a casa é reformada, em Pouso Alegre as Irmãs se empenham em um trabalho espiritual em prol da fundação: cada ato de virtude, sorteado a cada dia e vivido, era uma pedrinha que colocavam aos pés de São José, para erguer a fundação. Ele, São José, seria o patrono do novo Carmelo, a pedido de Dom Carlos Alberto.

Desde então, cada festa, cada acontecimento da vida do Carmelo são vividos de uma maneira muito intensa, pois as Irmãs sabiam que era a última vez que o experenciavam com a presença de todas, uma vez que a fundação fora agendada para o dia 24 de agosto próximo.

Último piquenique antes da fundação

Após a reunião anual da Conferência Nacional dos Bispos do Brasil, em abril, Dom Carlos, acompanhado por Dom José e os dois irmãos de Irmã Maria Teresa, Dom Belchior da Silva Neto e Dom Vicente Zico, visitam o Carmelo, entrando na clausura, para que Dom Carlos pudesse conhecer o interior do mosteiro fundador. Foi um dia de grande alegria para todos.

Parte da Comunidade com Dom Belchior, Dom José (Mãezinha está à sua direita), Dom Carlos e Dom Vicente

Mãezinha mantém-se serena e oculta a dor pela separação. Empenha-se na formação do grupo fundacional, reunindo-se várias vezes com as Irmãs escolhidas, dando-lhes diversas orientações, além do diálogo em particular com cada uma delas. Orienta a confecção de todo o enxoval para a fundação: desde a roupa pessoal de cada Irmã, cama, mesa, até as alfaias e paramentos para a Capela.

Ao saberem da fundação, os antigos e os novos amigos do Carmelo da Sagrada Família, com generosidade e alegria dispõem-se a ajudar financeiramente ou a doar cálices, castiçais e tudo que fosse necessário para a Capela do novo mosteiro. E o cunhado de Irmã Maria de Lourdes, Januário, voluntaria-se a transportar toda a mudança para Campos.

A 8 de agosto, Dom Carlos Alberto tem a delicadeza de vir conhecer pessoalmente as suas novas filhas. Passa um longo tempo com elas e Mãezinha, no locutório. Nos últimos dias, vários sacerdotes amigos visitam o Carmelo e celebram uma Missa pela fundação, em despedida do grupo que partiria.

As Irmãs se preparam para o dia 24, com mais um gesto de delicadeza para com o Senhor de suas vidas:

> Estamos, em comunidade, preparando nossa Comunhão do dia 24 de agosto, hóstia com Hóstia. O que se pede para fazer uma hóstia? 1º) trigo = sacrifício; 2º) água = um ato de caridade interior ou exterior; 3º) fogo = um ato de amor ou Comunhão espiritual. Vamos retirar uma hostiazinha da caixa azul e colocá-la na caixa dourada, para que, no dia 24, tenhamos pelo menos 2.000 Hóstias.[3]

Comunidade antes da fundação

A noite de 22 para 23 de agosto praticamente é passada em claro, nas últimas arrumações: por mais que Mãezinha quisera que as Irmãs fizessem tudo com antecedência, muita coisa ficou para a última hora. Eram caixas e malas a não mais acabar!

Enfim, amanhece o dia da partida das nove Irmãs: seis professas solenes, duas noviças e uma Irmã Externa – que fora para Campos,

[3] **Diário do Carmelo da Sagrada Família,** Vol. IV, fol. 164v. Arquivo do Carmelo da Sagrada Família.

com antecedência, acompanhada temporariamente por Irmã Maria da Trindade, noviça externa, e por Ana Cássia, vocacionada, para organizar tudo para a chegada das Irmãs. Às 6h, Dom José preside a Missa concelebrada por sete sacerdotes. A Capela fica repleta de fiéis. Sua homilia dá o sentido do acontecimento, sem esquecer do sacrifício de todas, mas em especial, de Mãezinha:

> Estamos presenciando um acontecimento muito importante para a Igreja de Deus que está aqui e que está na Diocese de Campos, no Estado do Rio de Janeiro.
> A vida contemplativa é um dom de Deus à sua Igreja! É uma riqueza de carismas, de dons que Ele concede à sua amada Esposa, para que ela seja fecunda na sua missão de salvar. Há muitos anos, uma Igreja, também generosa, foi instrumento desta magnanimidade de Deus, enriquecendo a nossa querida Diocese de Pouso Alegre com algumas poucas Religiosas que, do Carmelo de Campinas saíram para construir aqui o Carmelo da Sagrada Família de Pouso Alegre.
> Esta obra foi tão abençoada por Deus, que nos tempos de hoje, tão faltos de generosidade, de espírito de sacrifício, de renúncia, de falta de amor à pobreza, pôde não só crescer e enriquecer toda a nossa Igreja particular, mas cresceu tanto que foi escolhida também como instrumento desta generosidade de Deus para enriquecer outra Igreja, também rica em sacrifícios, em provações já conhecidas ao público, e que precisa tanto desta doação divina de almas consagradas ao sacrifício, empenhadas na oração, para realizar aquele anseio do Senhor, manifestado na sua última oração, no Cenáculo: 'Para que todos sejam um, assim como Tu, Pai, e Eu, somos Um'(Jo 17,11).
> No desmembramento dessa Comunidade, permitindo e oferecendo algumas de suas Irmãs para saírem para fundar outro Carmelo, avaliamos os sofrimentos da Revda. Madre que as acolheu aqui, um dia, que as formou segundo as Constituições da Ordem, não

> para tê-las como conforto na sua idade, nas suas enfermidades, mas formou-as exclusivamente para serem, depois de uma doação ao Pai, serem também uma doação para a sua Igreja de Campos.
> Queremos lembrar, sobretudo, que elas levam uma missão toda especial de rezarem pela unidade da Igreja de Campos; de serem sinal do amor, da caridade, da unidade na fé, na verdade; sinal da doação que faz com que imolemos todo o nosso egoísmo e ambições, colocando toda a nossa vida a serviço da verdade, da unidade, do amor.
> Esta é a grande finalidade que o Sr. Bispo de Campos tem, levando para a sua Igreja um punhado de Religiosas generosas do Carmelo que vão, unidas ao seu pastor, sentir de perto as suas angústias e os seus sofrimentos, partilhar com ele da sua solicitude, rezar pelo seu clero, para que, dentro em breve, esta Igreja possa oferecer às outras Igrejas, o espetáculo da unidade, da capacidade de renúncia ao seu modo de pensar, divergente, muitas vezes, mas sobretudo, conflitante e pouco eclesial.
> Elas serão o dom da nossa Igreja de Pouso Alegre, e por este dom, elas serão também o dom de Deus, como penhor de uma conversão, de ação de graças que sempre se obtém pela oração.
> Uma pequena comitiva vai acompanhá-las; é uma expressão daquilo que vai acontecer sempre: nós estaremos junto daquelas que partem e elas não se separarão de Pouso Alegre; estarão, ainda, sempre juntas com as nossas preocupações e com os interesses mais imediatos da nossa Igreja de Pouso Alegre.[4]

Após a Missa e o café, a Comunidade, em pranto, se reúne na porta da clausura. Mãezinha é a única a não chorar. Mantém-se serena, mas seu olhar trai a emoção que vai em seu coração, misto de dor pela separação das filhas e de alegria pela fundação de um novo Carmelo.

[4] Dom José d'Ângelo Neto. **Homilia na Missa do dia 23/8/1986.** In: **Diário do Carmelo da Sagrada Família,** Vol. IV, fol. 166-167v. Arquivo do Carmelo da Sagrada Família.

Certamente vem à sua mente o dia em que deixou Campinas com as três cofundadoras.

Ela lê a Portaria de Dom José, dando a licença para a transferência das Irmãs para Campos: Irmã Maria Teresinha do Ssmo. Sacramento, sua prima em primeiro grau, a primeira a perseverar no Carmelo de Pouso Alegre, que era um esteio da Comunidade; Irmã Benedita Maria de São José e do Menino Jesus, também de Maria da Fé, a quarta Irmã a perseverar; Irmã Maria Regina do Coração de Jesus, exímia pintora, também do grupo das primeiras; e as mais jovens: Irmã Maria Elisabeth de Jesus, Irmã Maria Josefina da Ssma. Trindade, Irmã Maria Cleuza da Sagrada Face, as duas noviças: Irmã Maria da Eucaristia e Irmã Maria Isabel da Ssma. Trindade; e a Veleira Irmã Maria Angélica da Imaculada.

Abençoa cada uma e abraça-as. Fecha lentamente a porta da clausura.

Fora, uma multidão de amigos e familiares acolhem as fundadoras. Dois ônibus são cedidos pela Empresa Gardênia para levarem as Irmãs e os acompanhantes até Campos, pois além dos familiares, muitos amigos e benfeitores quiseram se fazer presentes na longa viagem. Entre eles, um jovem médico que se tornou um amigo-filho para Mãezinha e o Carmelo, Dr. Vitor Ângelo Carlúcio Galhardo, e o fiel Pai Fernando, com outros membros de sua família.

Dentro da clausura, o vazio. A casa estava em plena desordem, devido ao corre-corre. Os corações, devastados, pois a Comunidade Carmelitana Descalça tem laços tão fortes quanto os de sangue. Mesmo assim, Mãezinha reúne o Noviciado para o tradicional canto da "Salve Regina" e comentário do Evangelho de domingo, como ocorre em todos os sábados. Ela permanece firme, como uma rocha.

No entanto, após a Hora de Noa[5], da "rocha" brotam rios de lágrimas: Mãezinha chora muito, e com ela, toda a Comunidade. Mas, por

[5] Parte da Liturgia das Horas, rezada pelas monjas, diariamente.

fim, apoiada em Deus, volta à sua serenidade natural. No dia da fundação, à noite, ela recebe algumas notícias. Escreve, então, às Irmãs:

> Queridas filhas,
> Paz!
> Estou escrevendo-lhes na noite desse dia solene da fundação do Carmelo de São José. Já tivemos algumas notícias e esperamos, amanhã, novas notícias pelo povo daqui, que as acompanhou.
> Ficamos contentes com o que Dom Carlos Alberto e Irmã M. Angélica nos comunicaram, e que foram os assuntos dos recreios. Procuramos acompanhar o programa daí, e espiritualmente, estivemos presentes a tudo.
> Espero que todas estejam bem e dispostas ao que o Bom Deus quiser. Por certo, já estão no silêncio e na tranquilidade da clausura, e depois dessa travessia que fizeram pelo mundo, gozarão melhor da bendita solidão em que vivemos.
> Irmã Maria Teresinha, aguentou bem e não fez nenhum fiasco?
> Irmã Benedita Maria, viu muita novidade nesse mundo de Deus?
> Irmã Maria Regina, ficou boa com o pozinho[6] e não houve problema na viagem?
> A Irmã Maria Elisabeth aproveitou bem da mamãe, do papai e dos seus?
> Irmã M. Josefina, deu certo o encontro com os seus? Seu pai telefonou às 15h, sabendo se o ônibus não ia passar por lá. Por que demoraram tanto na viagem?
> Irmã M. Cleuza, encontrou todos os irmãos em Campos? Agradeça muito a Dair e Teresinha o grande auxílio que lhes prestaram, e espero que continuem ajudando o Carmelo de São José como puderem.
> Irmã M. da Eucaristia, aproveitou do Padre Mário e sua mãe ficou contente na sua companhia? Viu a turma de Pedra Bela? Não conseguiu alguma vocação nessa turma?

[6] Remédio contra enjoo.

Irmã M. Isabel, está firme na resolução de ser santa? Sua mãe está mais conformada? Seu irmão foi também? E aproveitou também da madrinha?
Irmã Maria Angélica, agradeço-lhe as notícias que me deu e espero que continue feliz, fazendo a vontade de Deus, no seu ofício de Veleira. Confie em N. Senhora e São José e fique muito calma, pois vai sentir a ajuda deles no que precisar.
Irmã Maria da Trindade, conte com o maior Santo do Céu para cumprir sua missão de tapar buraco e ajudar a Irmã M. Angélica. Espero que Ana Cássia seja um anjinho e ajude muito aí, para que S. José a recompense, fazendo-a logo uma santa Carmelita.
Abraços de todas para todas e uma bênção da pobre,

Mãezinha[7]

Mãezinha com as fundadoras do Carmelo de Campos

[7] Madre Maria Imaculada da Ssma. Trindade. **Carta às Irmãs do Carmelo de Campos, a 24/8/1986.** In: Arquivo do Carmelo de São José, de Campos, RJ.

Quando Dr. Vitor retorna de Campos, vem narrar para Mãezinha e Irmã Maria Stella a viagem e as suas impressões do nascente Carmelo. Terminada a conversa, Mãezinha pergunta se ele poderia entrar na clausura para uma consulta médica, ao que ele se prontifica de imediato.

A paciente era a própria Mãezinha. Fala-lhe do tumor que lhe surgira na mama. Quando Dr. Vitor a examina, fica horrorizado, pois o tumor já se externara e estava ulcerado:

– Mãezinha, por que a senhora demorou tanto a me falar sobre isso?

– Eu não queria atrapalhar a fundação de Campos. Se as Irmãs soubessem ou suspeitassem de algo, não teriam partido tão tranquilas. Mesmo assim, eu lhe peço que nada fale para nenhuma das Irmãs, nem para as daqui, nem para as de Campos.

– Sim, mas... Mãezinha, não é minha área: precisamos buscar recursos, consultar especialistas. Talvez ainda haja algo a ser feito!...

– Não, Dr. Vitor. Eu sei que é o fim.

Dr. Vitor respeita sua posição. Somente Irmã Maria Stella sabia do problema. Mãezinha mesma cuidava da ferida. Irmã Maria Stella queimava os paninhos utilizados nos curativos. E assim, os dias foram passando. Mãezinha seguia os atos comunitários, como se tudo estivesse bem. A preocupação dela é o Carmelo de Campos. Escreve cartas e cartas às filhas, acompanhando-as.

Sua saúde, no entanto, definha dia a dia. Um mês depois da fundação, tem uma crise de erisipela. A partir daí, essas crises ou problemas no estômago se seguiam, um após outro. E o câncer ia consumindo-a. A 5 maio de 1987, Padre Gabriel vem visitá-la e ela pede que lhe ministre a Unção dos Enfermos, que recebe na grade do coro. Escreve para sua família, que recebera notícias de que ela não estava bem, dizendo-lhes que não se preocupem. Não pensava em si: sua preocupação era com os outros.

A 17 de setembro, ela ministra sua última aula no Noviciado. Quase não consegue mais se erguer da cama, mas continua se arrastando, levada por Irmã Maria Stella e Irmã Maria Helena, sua fiel enfermeira, para participar da Santa Missa e receber a Comunhão no comungatório, como as Irmãs. Cogita-se em levá-la para o Rio de Janeiro, onde Dr. José Wazen, seu grande amigo, procuraria-lhe todos os recursos possíveis. Mas ela pede que não se faça isso, pois não daria conta da viagem, tão fraca estava.

No dia 21 de outubro, Dom José entra na clausura para conversar com Mãezinha, confessá-la e dar-lhe a Unção dos enfermos. Nessa última, a Comunidade se fez presente. Mãezinha, sentada em sua cama, pede humildemente perdão para as Irmãs. Comoção geral, inclusive de Dom José.

As Irmãs se desdobram em orações e novenas, pedindo a cura de sua Mãezinha, mas o Céu respondia apenas com o silêncio, pois seu estado se agrava, dia a dia. A 21 de novembro, ocorre a Profissão Perpétua de Irmã Maria Marta de Jesus, Irmã Externa. As Irmãs pensam que Mãezinha não dará conta de receber os Votos da professanda, pois inicia-se a Celebração sem a sua presença. Mas, momentos antes da Profissão, Mãezinha entra no coro e recebe a Profissão de Irmã Maria Marta.

Dom José sempre se faz presente, ora conversando com as Irmãs no locutório, ora entrando para conversar com Mãezinha e confessá-la. Dr. Vitor a trata como um filho à sua mãe, fazendo-se presente a qualquer hora que fosse necessário.

No dia 10 de janeiro, Batismo do Senhor, Mãezinha participa pela última vez da Santa Missa. A partir desse dia, Irmã Maria Stella lhe levaria Jesus Sacramentado na enfermaria. Nesse dia, Dr. Wazen vem do Rio somente para vê-la, e adverte as duas Irmãs que cuidam dela, que teria poucos dias de vida. Irmã Maria Stella comunica as Irmãs. Ele pergunta à Mãezinha:

– A senhora tem medo da morte?

Com olhar sereno, ela lhe responde:

– Eu confio em Deus!

Mãezinha passa a usar uma cama hospitalar e, depois, um colchão de água. Pequenas tentativas para diminuir seu mal-estar. No intuito de não deixar que Mãezinha se canse, Irmã Maria Stella restringe muito a visita das Irmãs, o que se tornou um grande sofrimento, tanto para Mãezinha, como para as Irmãs.

No dia 14, ela dá a última bênção para elas, reunidas por alguns minutinhos junto a seu leito. As Irmãs não conseguem reter as lágrimas. Mãezinha não dá conta de falar, oprimida pela falta de ar. Com dificuldade, faz o gesto de unir as duas mãos. Algumas Irmãs interpretam-no como um pedido de oração por ela; outras, como um gesto de agradecimento.

No dia seguinte, ela passa utilizar o oxigênio e, depois, o soro. Fátima, futura Irmã Teresa Maria da Ssma. Trindade, técnica em enfermagem, entra várias vezes para trocar o soro e controlar o oxigênio. Sempre Mãezinha a recebe com um sorriso, inteiramente serena.

No dia 18, Padre Gabriel vem visitar Mãezinha, desejando entrar para ouvi-la em confissão e dar-lhe a Unção dos Enfermos. Ela, sacrificando a alegria natural da visita do irmão, pede para dizer-lhe que não é necessário entrar na clausura: ela já fora assistida por Dom José. Padre Gabriel aceita o sacrifício igualmente, dizendo: “É isto que atrai as bênçãos de Deus e vocações à Igreja”. E retorna sem vê-la.

Dr. Vitor avisa as Irmãs, no dia 19, que a noite seria cruel para Mãezinha, pois já estava com muita água no pulmão e o oxigênio praticamente não lhe dava mais nenhum alívio. De fato, agonizou a noite toda. Várias Irmãs passaram a noite em oração por ela, no coro.

De manhãzinha, as Irmãs chamam Dom José, que vem de imediato. Ele reza, na presença da Comunidade, o Ofício da Agonia. Mãezinha, lúcida, segue as orações. Na hora do *Confiteor*, fazendo um esforço imenso, tenta bater a mão no peito. Como Mãezinha solicitara às enfermeiras que lhe tirassem o oxigênio e não lhe dessem mais remédios, Dom José lhe pede que aceite todos os paliativos que o médico receitasse. Ela, asfixiada, banhada em suor frio, acena afirmativamente.

Dom José diz-lhe, então, que iria celebrar na Catedral, pois era a festa de São Sebastião, padroeiro da Arquidiocese, e que rezaria por ela. Cerca de uma hora depois, às 10h40, enquanto ele celebrava, ela entrega sua alma a Deus, serenamente.

Fátima, que entrara para lhe trocar o soro e dar a medicação prescrita, sentara-se ao lado de Mãezinha, e segurava sua mão, na qual tinha um terço. Percebeu que Mãezinha respirava cada vez menos. Disse para Irmã Maria Stella que, sentada, rezava a Liturgia das Horas:

– Ela está parando!

Irmã Maria Stella olhou, mas não teve reação. Fátima pensou que ela não tivesse entendido o que significa "estar parando", e lhe disse:

– Ela está morrendo!

Irmã Maria Stella se apressou em ler a renovação dos Votos para Mãezinha e não deu conta. Irmã Maria Helena finalizou. Mãezinha fez o único gesto de apertar a mão de Fátima e expirou.

A Comunidade é chamada, mas ela já partira para o abraço eterno com seu Amado. Dr. Vitor, que também fora chamado, chegou e entrou. Nada mais podia ser feito. Ele chorou, como uma criança, pela partida de sua amiga.

Após aquele momento de eternidade, no qual as Irmãs ficaram ali, de joelhos, como pedras – pois ninguém queria se mover –, alguém lembrou que era preciso organizar muita coisa para o velório. Assim, a Comunidade se dispersou. Irmã Maria Helena e Irmã Maria Francisca vestiram-na com o hábito. Elas, Dr. Vitor, Fátima e Irmã Regina Maria colocaram-na no caixão e o enfeitaram com flores brancas.

A primeira parte do velório ocorreu no coro. Quando levaram para lá o corpo de Mãezinha, na grade, Pai Fernando e Dona Santa choravam a perda daquela figura que enchera suas vidas de um novo significado. E o povo começou a chegar. Primeiro, os pousoalegrenses, e depois, das cidades vizinhas. Amigos do Rio de Janeiro e Belo Horizonte deixaram tudo e vieram de imediato prestar as últimas homenagens à Mãezinha, chegando a passar a noite toda junto de seu corpo, sem pensar no próprio cansaço. A Capela ficou repleta de pessoas de todos os tipos e classes sociais.

Durante todo o tempo, pela roda e pela grade eram passados objetos para serem colocados sobre o corpo de Mãezinha, a fim de serem guardados como relíquias. As Irmãs rezaram o Ofício dos Defuntos. Terços eram recitados, seguidos de momentos de oração silenciosa.

Às 19h, houve a primeira Missa de corpo presente, celebrada por Dom João Bosco Óliver de Faria, então Bispo Auxiliar de Pouso Alegre. Às 20h, outra, por Padre Gabriel, irmão de Mãezinha e Padre Furlani, C.Ss.R. Às 21h, celebrou Padre Narciso, Confessor Extraordinário do Carmelo.

Foi feita uma tabela de horários para as Irmãs se revezarem junto de Mãezinha, durante a noite. Mas foi desnecessária, porque ninguém queria se afastar do coro. Só saíam as que tinham algo inadiável a ser feito.

No dia 21, Memória de Santa Inês, a Liturgia das Horas parecia falar de Mãezinha, de seu amor por Jesus e da alegria que já gozava junto Dele! Isso as impressionou tanto, que registraram no diário:

> As antífonas de Laudes, pela manhã, foram um bálsamo do Céu para nossos corações feridos. 1ª. antífona: "Meu Senhor Jesus Cristo colocou-me no dedo o anel nupcial e a coroa de noiva na minha cabeça"; 3ª. antífona: "Alegrai-vos comigo, porque recebi, na assembleia dos santos, um trono de glória!"; antífona do "Benedictus": "Já contemplo Aquele a quem tanto eu esperava. Estou unida, no Céu, com Aquele a quem só eu amei sobre a terra". Parecia-nos ouvir a voz meiga e suave da Mãezinha a confortar-nos por meio do Ofício Divino, neste jamais esquecido 21 de janeiro de 1988.[8]

[8] **Diário do Carmelo da Sagrada Família,** Vol. IV, fol. 190. Arquivo do Carmelo da Sagrada Família.

Às 7h, Frei Patrício Sciadini e Frei Simeão celebraram mais uma Missa. Frei Patrício afirmou, na homilia, que sempre se edificara com a Mãezinha, "fiel a Deus, fiel à Igreja, fiel à Ordem". E que ela não estava morta, pois "a fundadora só morre quando seu carisma morre em sua Comunidade".

Após essa Missa, o corpo de Mãezinha foi levado para a Capela, onde já se encontravam alguns de seus familiares. Todos queriam beijar suas mãos e tocar nelas algum objeto.

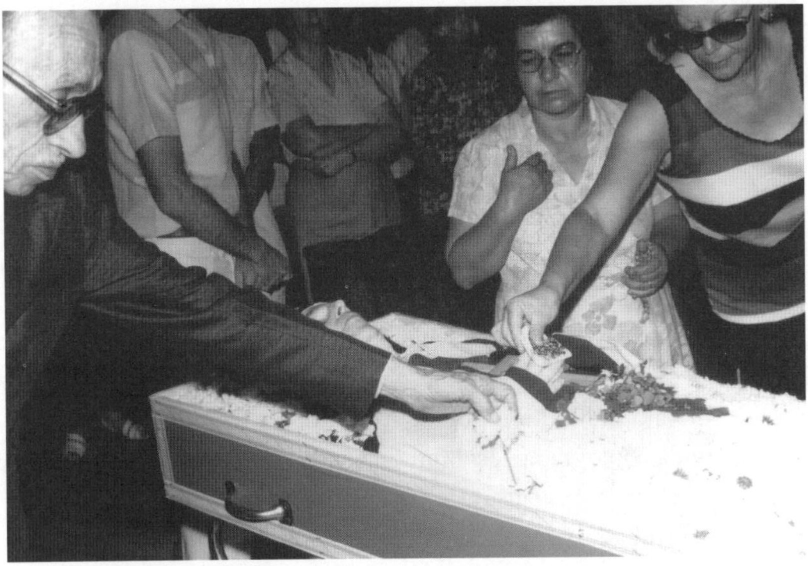

Durante o velório, na Capela. À esquerda, Murilo, irmão de Mãezinha

A Missa exequial foi presidida por Dom José e concelebrada por Dom Geraldo Magela Reis, Dom João Bosco e mais onze sacerdotes, incluindo Padre Gabriel, irmão de Mãezinha.

Dom José pronunciou a homilia, que marcou indelevelmente os presentes:

> Queridas Irmãs, meus caros irmãos no Episcopado e no Sacerdócio, que concelebram comigo esta Missa; prezadas Religiosas, prezados irmãos e irmãs no Senhor.

Cada vez que celebramos exéquias, somos advertidos de que não é o momento para se fazer o elogio do falecido, porque isto de nada adianta para sua alma.

As cerimônias exequiais são muito mais um momento de reflexão para nós, que continuamos nossa peregrinação. E, ao mesmo tempo, é uma hora de gratidão e de caridade para com aquele que nós oferecemos junto com Cristo, que se imola misticamente, outra vez, no altar, por toda a humanidade quando, pela gratidão e caridade, também procuramos sufragar a alma de nossos mortos.

A reflexão é sempre esta: uma reflexão de fé, que alimenta nossa esperança numa outra vida, e que sirva para nos tornarmos melhores na fidelidade à nossa vocação cristã, que é vocação à santidade; para sermos fiéis à nossa vocação de filhos de Deus, à nossa vocação à liberdade dos filhos de Deus, de cuja realidade a Igreja nos dá exemplos por meio – sobretudo – da vida religiosa de muitos de seus filhos.

Hoje, talvez, possamos fazer uma reflexão – uma pequena reflexão – que o tempo permita, sobre aquilo que continua a ser sempre para o mundo um grande mistério: a vida religiosa na Igreja – a vida consagrada –, sobretudo a vida contemplativa, vida de sacrifício, vida de clausura, a vida oculta no mosteiro.

Tertuliano, para encorajar os mártires que sofriam nas prisões do seu tempo, comparava o mundo a uma grande prisão, para assim mostrar que aqueles que eram aprisionados pelo poder dos homens eram mais livres do que aqueles que, fora das prisões, tinham impressão de gozar de plena liberdade. É que os ferros que algemam os homens são mais duros do que a limitação da liberdade imposta pelo Evangelho, livremente escolhido pela prática dos conselhos que Nosso Senhor propõe aos que querem segui-Lo de perto. O mundo é mais envolto em trevas e escuridão por causa dos erros dos que se opõem à verdade do que a vida de uma religiosa num mosteiro. O mundo escraviza muito mais, limita muito mais a liberdade do homem, tão ansiosamente procurada...

essa liberdade para a qual Deus o criou, e por isso, fez dele um filho seu. A verdadeira liberdade é a liberdade do pecado. E quem mais goza das delícias e das alegrias da liberdade do que uma alma religiosa, consagrada a Deus, presa a Ele pelo compromisso dos três Votos de obediência, castidade e pobreza, que se opõem às três grandes raízes do pecado e são os grandes remédios contra as inclinações profundas que fazem o homem tantas vezes ter o olhar voltado para a terra, esquecido de olhar para o alto, porque ele se torna escravo das riquezas, escravo dos prazeres, escravo de si mesmo, de seu orgulho, sua vaidade, do seu eu?

Quando nós, no mundo, lutamos para nos libertarmos dessa escravidão – a escravidão do pecado –, somos estimulados, incentivados pelo exemplo dessas criaturas, cuja vida é tão misteriosa para nós, mas tão fecunda para a Igreja, e modelo para todos nós. Não só modelo, mas estímulo, incentivo, e mais do que isso, uma prova da possibilidade do homem viver, no mundo, liberto do pecado, porque elas se libertaram não só destes laços que prendem a terra, mas dão a aprendizagem de toda a libertação de tendências, de inclinações, de seduções que agradam nossos sentidos, nossa natureza. A prisão do Carmelo é uma verdadeira libertação; é uma libertação muito maior que aquela que nós pensamos ter no mundo, porque a verdadeira liberdade é aquela que nos coloca acima de todas as criaturas e na dependência amorosa Daquele que tem a soberana liberdade, absolutamente independente, que é Deus.

Esta liberdade se adquire na vida religiosa pela prática dos conselhos evangélicos. Liberta-se até mesmo de uma vida cômoda pela vida de pobreza, de mortificação, de penitência, de sacrifício. Liberta-se do seu orgulho, da sua vaidade, do seu eu, pelo voto de obediência às santas Regras do seu Instituto. Vida de obediência à vontade de Deus, manifesta tantas vezes de uma maneira misteriosa no exercício da autoridade dos Superiores. E a liberdade dos prazeres do mundo, que tanto nos enganam, tanto nos seduzem, pelo voto de castidade, pela consagração absoluta de todo o seu ser, pela renúncia ao matrimônio, pela renúncia aos cuidados diversos que envolvem a vida do homem.

E não obstante a generosidade com que estas Religiosas respondem ao chamado de Deus, não lhes são poupados sofrimentos, para mostrar que não são os sofrimentos que angustiam e fazem o homem sofrer. É sempre o mistério da cruz assumido por Cristo, quando Ele assume nossos sofrimentos, nossas enfermidades e provações, pelas quais passamos.

Estamos diante de alguém que muito cedo ouviu a voz de Deus e procurou libertar-se de todos os laços que a podiam prender no mundo; libertou-se mesmo dos laços afetivos da família. Eu me lembro que quando sua mãe falecia em Belo Horizonte, eu a procurei para dizer-lhe que dava licença para ela ir ao enterro de sua mãe. Mas ela me disse: "Eu prometi uma renúncia total". Eu lhe falei: "Mas a senhora sua mãe não é obrigada a cumprir seu compromisso". Digo mal: ainda não tinha falecido; estava na doença. E ela me respondeu: "Mas quando eu me fiz Religiosa, minha mãe sabia que o sacrifício não era só meu, mas também seu. E tenho certeza de que ela, com alegria, aceita esta renúncia".

Viveu ocultamente no Carmelo. Talvez ninguém conheça melhor Pouso Alegre e sua população, na intimidade de sua vida, do que Madre Maria Imaculada, porque a ela tantos se dirigiam, no momento de suas aflições. Por quê? Porque se sentiam mais perto de Deus. Todos nós rezamos e temos a promessa de que nossas orações são sempre atendidas por Deus. Mas também temos a convicção de que quando conosco rezam almas mais queridas de Deus, mais livres do mundo, contamos com uma intercessão mais poderosa.

Talvez pouca gente conheça o mistério da vida dolorosa de Madre Imaculada. Ela conhecia todo mundo, porque todo mundo a ela se dirigia; mas pouca gente a conhecia, porque ela se ocultara inteiramente na sua vida religiosa. E carregara, desde criança, depois jovem, e já na idade madura, um corpo terrivelmente marcado pelo sofrimento. Eu mesmo, durante anos, ignorava a sua cruz. E pude acompanhá-la em seus últimos dias, e ontem mesmo, de manhã, enquanto a assistia em sua agonia, pude ver a tranquilidade de sua alma, como encarava a morte.

No dia em que lhe dei o Sacramento dos Enfermos, pude presenciar sua humildade diante da Comunidade, que ela sempre dirigiu e formou, e à qual ela se dirigiu, com humildade, confessando seus pecados e pedindo que a Comunidade lhe desse o perdão.

Esta é nossa Irmã, que nós trazemos hoje, neste Sacrifício da Eucaristia, para oferecer ao Cristo, ao Pai, pela Comunidade, primeiramente, para que ela seja santificada pelas graças do Senhor, que ela vai alcançar, junto de Deus, na Eternidade.

Esta é nossa Irmã, que esteve unida ao Cristo na resposta generosa, de todos os momentos, aos seus chamados, cumprindo-se nela o que dizia Santa Teresa, sua Madre fundadora: "Cristo fez seus amigos mais íntimos sofrerem. E por isso", dizia Santa Teresa, "que Ele os tem tão poucos".

Nós damos testemunho de que Madre Imaculada realmente participou deste privilégio de Deus de, depois de ter sua vida consagrada a Deus e liberta de toda escravidão a que estamos sujeitos, poder participar de sua cruz... De alguma maneira, virgem e mártir... Consagrada a Deus na prática dos conselhos evangélicos; santificada por Deus, nos sofrimentos de sua vida.

Nós queremos, nesta hora, pedir que o Senhor perdoe os pecados, purifique sua alma e a santifique na glória; e que Deus também aceite o agradecimento de toda a Comunidade de Pouso Alegre e de sua Comunidade de Carmelitas, pelo que ela foi para a Comunidade. Agradecer os gestos de bondade e de amor de Deus, que percebemos nos seus gestos tão simples de boa mãe, que é assim conhecida de toda comunidade: "Nossa Mãezinha", minha irmã... Deus lhe dê o descanso eterno, Irmã Maria Imaculada, Deus lhe dê a glória do Céu. Nós a temos como nossa intercessora para a

> Igreja de Pouso Alegre, à qual ela sempre pertenceu, porque nela nasceu, nela viveu e nela morreu. Que a Igreja de Pouso Alegre a tenha junto de Deus como sua intercessora, como sua filha. Quero agradecer a todas as pessoas que acompanharam a Comunidade do Carmelo durante o período em que Madre Maria Imaculada a dirigiu. Quero agradecer aos médicos que a assistiram durante tantos anos, e sobretudo ao Dr. Vitor que, como filho de uma dedicação ímpar, deu-lhe assistência e que, mais do que eu, pôde dar testemunho de seu sofrimento e da verdade de minhas palavras. Que Deus pague a todos o que fizeram pelo Carmelo durante toda a vida de Madre Imaculada.[9]

Após a Missa e a encomendação do corpo, seguiu-se a procissão para o portão da clausura. Entraram somente os Bispos, sacerdotes, os familiares de Mãezinha e alguns amigos.

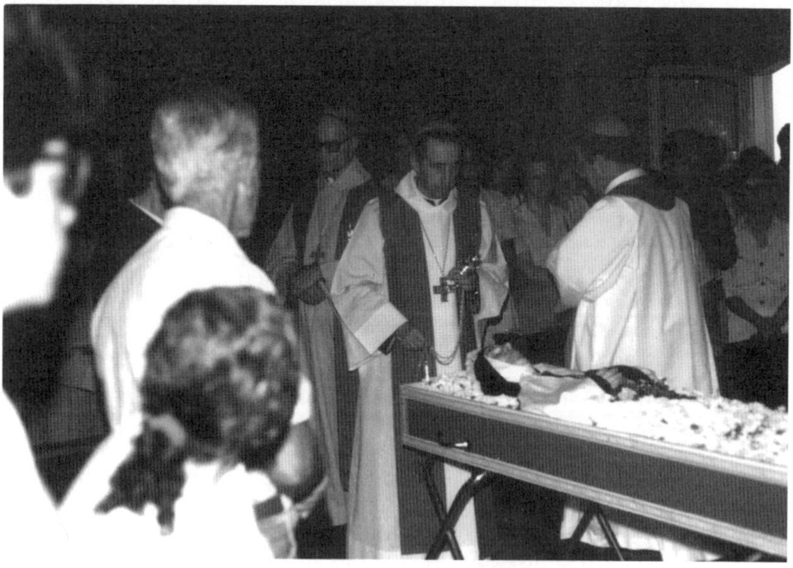

Dom José incensa o corpo de Mãezinha

[9] Dom José d'Ângelo Neto. **Homilia na Missa do dia 21/1/1988.** In: Arquivo do Carmelo da Sagrada Família. Documentos sobre a doença, morte e outros, pasta M-27.

A procissão no interior da clausura

Mãezinha tinha desejado ser sepultada na terra, mas as Irmãs não se conformaram com isso, e seu corpo foi colocado no túmulo construído dentro da capelinha do cemitério.

E um silêncio diferente pousou sobre o Carmelo da Sagrada Família.

Silêncio da ausência daquela que tinha sido o coração pulsante e gerador da Comunidade.

Silêncio da presença da mãe que, pela força da Ressurreição, nunca deixa suas filhas.

E nunca deixa os seus filhos.

O povo tinha certeza disso, e por isso, nunca cessou de pedir sua presença, sua ajuda, sua intercessão.

Mãezinha, Serva de Deus, roga por nós!

IX

APÓS A PÁSCOA DEFINITIVA

> *A santidade é viver em união com Jesus os mistérios da sua vida;*
> *consiste em associar-se duma maneira única e pessoal*
> *à morte e ressurreição do Senhor,*
> *em morrer e ressuscitar continuamente com Ele.*
> (*Gaudete et exsultate,* 20)

Depois de tudo consumado, as Irmãs se lembraram de que era mais de onze horas e estavam em completo jejum. Tomaram um cafezinho e foram para a sala de comunidade, agradecer a presença das Irmãs Externas de Campinas e Campos, que vieram representar suas Comunidades nesse momento único da vida do Carmelo da Sagrada Família.

Nos dias seguintes, as monjas escreveram para suas Irmãs de Campos, que ansiavam por todos os detalhes da Páscoa de sua Mãezinha. Cartas de família, sem nenhuma pretensão, mas que hoje são a maior comprovação do que foram os últimos dias da doença e da morte de Mãezinha. Momento em que nada pode ser improvisado, e no qual fica patente o que foi a vida da pessoa:

> Nossa Mãezinha sempre foi um exemplo maravilhoso do que seja uma vida consagrada a Deus. Se não aprendemos, a culpa é nossa! Mas o testemunho de fé, de coragem, fortaleza, serenidade e paz que nos deu, até seu último instante, foi arrebatador.
>
> Uma vez ou outra, raramente, fazíamos um recreio-relâmpago com ela. Quase não podia falar, por causa da falta de saliva. Foi o seu martírio desde a crise inicial. Mas falava alguma palavrinha, baixinho e com dificuldade.

Sexta-feira (15), fomos lá "só" para ganharmos uma bênção. Já estava no colchão d'água; ganhou-o quando já não podia mais se manter de pé, mesmo amparada, por causa das dores nas duas pernas, pois a outra inchou também.

[...] Sabe qual a impressão que ela deu nesse penúltimo dia em que fomos tomar sua bênção? De uma rainha assentada no seu trono para um ato solene. Que majestade! Que dignidade! Que serenidade e que paz irradiava!

Depois que todas chegaram e se ajoelharam, ela, sem dizer nem uma palavra, levantou o braço bem alto e nos abençoou. Depois, juntou as duas mãos e apontou, com a mão direita, o coração. Eu e Ana Cássia traduzimos: "Estão todas no meu coração". Mas as outras Irmãs disseram que era: "Rezem por mim." Era isto mesmo!

Segunda-feira, quase no fim do recreio, Irmã Maria Stella nos chamou para recebermos a bênção de Nossa Mãezinha. Cena idêntica. Olhou uma por uma, na sua entrada. Estava com mais capacidade de dar atenção, mas com menos para movimento. Mal conseguiu levantar a mão direita para fazer o sinal da cruz e repetir o sinal: rezem por mim (todas sentiram que era a última vez).

Terça-feira já não pôde mais se alimentar. A falta de ar e o enjoo aumentaram. Irmã Maria Helena, chegando à cozinha, disse: "Esta é a última vez. Não aguenta mais engolir". [...]

A gente tem a impressão de que ela não se separou da gente nem fisicamente, ainda que oculta aos nossos olhos. [...] Nossa Mãezinha imprimiu em nossas almas aquela paz e serenidade de toda a sua vida, mas que entrou em nosso ser nos seus últimos dias.[1]

[1] **Carta A às Irmãs do Carmelo de Campos, a 27/1/1988.** In: Arquivo do Carmelo de São José, Campos, RJ.

As Irmãs demonstram o impacto que essa morte causou em suas vidas:

> Temos certeza de que Mãezinha entrou no Céu naquele mesmo dia: seus últimos dias foram de uma verdadeira mártir. [...] Às 9h, mais ou menos, Dom José chegou. A Irmã Maria Stella tocou o sino da Comunidade e fomos entrando na enfermaria. Dom José, que já estava à cabeceira dela, rezou as orações dos agonizantes, e disse: "Madre Imaculada, agora vou lhe dar a absolvição geral de todos os pecados".
> A Mãezinha, lúcida até o fim, mas só respirando pelo balão de oxigênio e com muita dificuldade, muito ofegante, na hora do "mea culpa", fez aquele esforço com a mão já roxinha, gelada e trêmula, fez sinal como se batesse no peito; e na hora que o Pai Bispo deu a bênção geral, ela fez o mesmo esforço de querer erguer a mão, para fazer o sinal da cruz. [...]
> Agora, ela já não sofre mais. Tudo passou, graças a Deus, e só quero pensar na Mãezinha querida feliz, lá no seio da Trindade, amando a Deus, louvando a Imaculada e ao Pai São José, por nós, suas filhas. Ela, lá, feliz, naquele gozo sem-fim, ao lado de Santa Madre, S. Teresinha, Nosso Pai São João da Cruz e de todas as Carmelitas que nos precederam no Céu! Já pensou o abraço que ela deu no tio Villela, na tia Maria, Veva, Rita?? Ih!!! Que gozo danado!!!
> A Mãezinha pôs no meu coração um desejo louco de ir para o Céu, vocês nem imaginam!!! [...] Agora, só quero começar vida nova, na linha da Mãezinha, no espírito e formação que ela nos legou: amando a Deus, Nossa Senhora, São José, a Igreja e a Ordem, naquela fidelidade absoluta e total que Mãezinha sempre nos ensinou, no silêncio, na pontualidade, observância regular em tudo, como ela sempre recomendava.[2]

[2] **Carta B às Irmãs do Carmelo de Campos, a 26/1/1988.**

Não só as Irmãs, mas também várias pessoas tinham a consciência de que a vida de Mãezinha fora um dom de Deus:

> Aquela hora, saí da enfermaria pensando: "Meu Deus, se é assim a morte dos santos, como será a nossa, pecadores?" Lembrei-me de Jesus na Cruz.
> [...] Mãezinha está agora no céu. Como disse no locutório Padre Poggeto, com Padre Dimas, nós devolvemos a Deus o grande presente que Ele nos deu, que foi a Mãezinha. As Missas foram lindas e as homilias também.
> Ela já recebeu a coroa da recompensa por sua inteira doação, por todos os seus sofrimentos e por tudo o que fez por nós. Que ela nos alcance a graça de permanecermos fiéis ao espírito do Carmelo. De lá, ela vela por seus dois Carmelos.[3]

Possuíam a certeza de que Mãezinha não as deixara:

> Bem que a Mãezinha dizia que, para Carmelita morrer, não é fácil. Depois que Mãezinha passou para o colchão d'água, íamos lá de vez em quando (acho que só duas vezes), e "só" para recebermos uma bênção dela. Antes, fazíamos recreio. Ela já estava ofegante. Eu só pedia a Jesus para levá-la logo! Ela estava sofrendo demais, demais... mas em paz. Parecia uma rainha crucificada...
> No dia 20, quando Dom José entrou, fomos lá. Vossa caridade não pode imaginar como ela estava. Eu nunca pensei que pudesse ser tão terrível! Realmente, Ele "despedaça seus santos antes de consumá-los na santidade"! Pensei em Santa Teresinha e em Jesus. Eles também morreram asfixiados... [...]
> A Missa Exequial foi linda. Pensei que Dom José não iria aguentar terminar o sermão sem chorar. Ele engasgava a toda hora. [...]
> Não gosto de pensar na Mãezinha no túmulo... ela não está lá. Lá

[3] **Carta C às Irmãs do Carmelo de Campos, a 27/1/1988.**

> está a casca! Mãezinha está no Céu (fico pensando na sua alegria, e em como é lá), e muitas vezes a sinto aqui, ajudando-me.
> Já pensou que lindo? Agora ela conhece o seu Carmelo de São José, e está vendo vossas caridades! Agora ela sabe das coisas, sem que seja preciso dizê-las... Agora ela está em Casa... Está com a Mãe e com os Três... como isso é lindo! [...][4]

E, como já se pode constatar também nos trechos anteriores, afirmam a configuração de Mãezinha com Jesus Crucificado:

> Ver a Mãezinha definhando, agonizando e morrendo foi terrível. [...] Algumas cenas jamais se apagarão. As visitas à enfermaria, depois das quais saíamos chorando, e cada qual ia para um canto se esconder... [...]
> Quando voltei do retiro, espantei-me com a decadência física de Mãezinha. Seu espírito, porém, estava firme: com aquele autodomínio, com porte de rainha. Seus travesseiros pareciam um trono. Gostava de admirar sua majestade. Sentia-me bem ao vê-la assim, acima da doença. Mas, depois, ela foi se apagando, e o nosso sofrimento foi terrível. Cada vez menos voz, menos gestos. E tivemos seu último ensinamento: como sofrer em paz, depois de ter sofrido tanto em silêncio. [...]
> Na sua agonia, fiquei diante dela. Ela olhava-me muito, e eu pensava em Jesus na cruz. Em Jesus que sofria nela. Pude assistir a seus últimos respiros, e rezar com as Irmãs todas as orações que elas tiravam. Tirei algumas.
> Quando ela parou de respirar, senti uma santa inveja do seu encontro face a face com Deus, de já ter travado o último combate e ter saído vitoriosa.
> O pensar que já não sofria deu muita consolação. O pensar que já não vivia deu muita aflição. O pensar que tinha já Vida eterna,

[4] **Carta D às Irmãs do Carmelo de Campos, a 27/1/1988.**

> que era seu natal no Céu, que a Santíssima Trindade a estava coroando, que a Sagrada Família, os Anjos e os Santos a acolhiam festivamente, deu ar de festa. Era um mundo de emoções que se chocavam. [...]
> A casa ficou sem mãe, sem rainha, sem o centro das atenções; as ovelhinhas, sem pastora, mas a fé nos transportava para o outro mundo, vendo Mãezinha coroada na glória, feliz, sorrindo para nós, poderosa para nos ajudar, já sem sofrimento. Missão cumprida. Combateu o bom combate até o fim.[5]

Desde esses primeiros dias, o povo alcança graças por meio de sua intercessão:

> Mãezinha já passou deste vale de lágrimas para a mansão celeste. [...] Mas, com a Mãezinha no Céu, acho que as coisas vão para frente.
> Várias pessoas, aqui em Pouso Alegre, já alcançaram graças de Mãezinha, já mandaram celebrar Missas agradecendo. Vossas caridades não imaginam quantas Missas o povo tem mandado celebrar por ela em outras igrejas.[6]

Quando Dom João Bergese tomou posse como Arcebispo de Pouso Alegre, em 1991, ao organizar o arquivo da Cúria, enviou para o Carmelo de Pouso Alegre as cartas de Mãezinha para Dom Octávio e Dom Oscar, dizendo que um dia poderiam servir para um possível Processo de Canonização.

Por insistência do povo, o Processo foi aberto em 30 de setembro de 2005. Ao recolher a prova documental, causou admiração constatar como Mãezinha havia escrito, e como as pessoas guardaram até os seus menores cartões ou bilhetes: mais de 2.000 documentos! No ano se-

[5] Carta E às Irmãs do Carmelo de Campos, a 28/1/1988.
[6] Carta F às Irmãs do Carmelo de Campos, a 18/2/1988.

guinte, é construída a capela mortuária, para onde os restos mortais de Mãezinha foram transladados, dando ao povo acesso à sua sepultura.

Vários percalços impediram que o Tribunal instituído realizasse seu trabalho. Em agosto de 2012 é instituído novo Tribunal, e no dia 25 de outubro de 2014 é encerrada a Fase Diocesana. A 18 de março de 2016, a Congregação das Causas dos Santos emite o Decreto de Validade do Processo Diocesano.

Graças são alcançadas por todos os tipos de pessoas: curas físicas, psíquicas, conversões. E, mais importante que tudo isso, Mãezinha se tornou uma amiga e companheira dessas pessoas, na vivência do Evangelho.

"Onde passa um santo[7], Deus fica!"[8]

[7] Ao usar esta expressão, não queremos nos antecipar ao juízo da Santa Igreja. Usamo-lo somente como o "senso" do povo de Deus.

[8] Jean Guitton.

CONCLUSÃO

"Quando perscrutamos na presença de Deus os caminhos da vida, não há espaços que fiquem excluídos. Em todos os aspetos da existência, podemos continuar a crescer e dar algo mais a Deus", afirma o papa Francisco.[1]

Mãezinha foi uma buscadora da face de Deus, não num céu etéreo, mas na realidade nua e crua de sua vida e de suas circunstâncias. Um dos verbos mais utilizados por ela, nos conselhos, nas cartas, nos bilhetes, nas anotações feitas nos cadernos de meditação e retiro das Irmãs foi "aproveitar". "Que o Bom Deus nos ajude a aproveitar de tudo o que Ele permite, a fim de santificar-nos. E, como Ele quiser!", dizia ela.

Monja, administradora, mãe, enferma, galinheira, estudiosa dos documentos da Igreja, cozinheira, formadora de almas, faxineira, amiga, construtora, conselheira, priora... em tudo ela era uma garimpeira dos diamantes da Presença e da Vontade de Deus. Tornou-se tão rica, tão plena Dele, que pode transbordá-Lo a quem dela se aproximasse.

Mãezinha-cântaro, na simplicidade de uma vida comum e escondida, ensina-nos que também nós, em nosso cotidiano, muitas vezes tão acidentado, podemos viver na e da Presença de Deus, e transformar o deserto deste mundo numa fonte de água viva, que jorra para a eternidade.

"A vida é breve, e precisamos aproveitar os minutos que dispomos para o único necessário" (Mãezinha).

[1] *Gaudete et exsultate,* 175.

ANEXOS

a) ALGUNS RELATOS DE GRAÇAS ALCANÇADAS POR INTERCESSÃO DE MÃEZINHA

I

Tenho um irmão de 52 anos, que trabalhava com artesanato, mas tornou-se alcoólatra e abandonou o trabalho. Bebia muito. Há cinco anos, num domingo, ele chegou em minha casa, muito alegre, mas totalmente bêbado. E ia voltar para o bar, para beber mais ainda. Enquanto ele estava sentado no sofá, coloquei minhas mãos sobre sua cabeça, e pedi a intercessão da Mãezinha: que ela curasse meu irmão daquele vício, que só o prejudicava. Imediatamente ele começou a suar muito, muito, e a vomitar. Ficou assim a tarde toda, e depois, por si, estes sintomas passaram, e ele nunca mais voltou a beber, nem sente desejo de fazê-lo. Até o dia de hoje, não voltou a beber. Está curado!

Agradeço, de coração, a Deus por graça tão grande, e à Mãezinha, por sua intercessão pronta e imediata. Hoje espalho a devoção à Mãezinha a todos que encontro.[1]

II

Fui picado por algum animal peçonhento. Não o percebi. Só notei que algo estava errado quando minha perna começou a inchar e ficar pre-

[1] Quando o relato foi feito havia cinco anos da ocorrência da cura.

ta. Fui para o Hospital Regional Samuel Libânio. Era o dia 13/3/2011. Apesar dos primeiros socorros, minha perna necrosou. O médico queria amputá-la. Minha esposa, que recebera no próprio hospital a oração e relíquia da Mãezinha e estava fazendo a novena, acreditando em sua intercessão, não quis assinar o documento de autorização da amputação. Fui levado ao centro cirúrgico, com o médico certo de que não haveria outra saída, senão a amputação. No entanto, na cirurgia, minha perna sangrou! Não foi necessária a amputação! Restabeleci-me aos poucos, e tive alta no dia 27/06/2011. Hoje, não tenho sequela nenhuma. Minha perna está perfeita. Agradeço à Mãezinha a sua intercessão, difundindo a graça que alcancei e recomendo a todos que recorram à sua intercessão.

III

Meu filho de 21 anos sofreu um acidente de carro em setembro de 2010, juntamente com mais 4 pessoas que com ele estavam. Quando ligaram para mim, avisando do acidente, disseram que ele havia quebrado o braço. Fui ao hospital, e lá, fiquei sabendo que, além do braço, ele fraturara a 4ª. e 5ª. cervicais. Corria o risco de ficar tetraplégico. Fiquei como acompanhante dele. Eu rezava muito, pedia muito a Deus. Da janela do 5º. andar do hospital, olhei o Carmelo e disse: “Mãezinha, eu entrego o meu filho em suas mãos. Que a senhora o coloque em pé novamente!” A família toda rezava. Ele foi acidentado no domingo e só na sexta-feira foi a cirurgia. O médico me disse que ele corria risco de vida. Quando o médico saiu da cirurgia, disse-me que ele estava bem e que não ficaria nem tetra, nem paraplégico: estava movendo os braços e as pernas. Recuperou-se totalmente e não teve nenhuma sequela. Eu pedi também a intercessão da Mãezinha por todos os que foram acidentados com meu filho: minha nora e amigos. Graças a Deus e à Mãezinha todos se recuperaram e não tiveram nenhuma sequela. Agradeço e louvo a Deus e a Mãezinha.

IV

Sou caminhoneiro e faço transporte de madeiras do Norte para cá. Em minha última viagem, que fiz sozinho, estando próximo a Santarém, PA, às 22h, cochilei no volante. O caminhão, carregado de madeira, subiu num barranco, ficou em pé, e tombou com as rodas para cima.

Eu levo sempre em minha carteira uma relíquia da Mãezinha, que recebi no Carmelo, ao prestar alguns serviços às Irmãs. Quando viajo, tenho o costume de colocar a carteira presa no alto da cabine do caminhão. Ora, na hora do acidente, a relíquia – não se sabe como – saiu da carteira, que permaneceu no mesmo lugar, e caiu sobre a terra que entrou na cabine do caminhão, quando ele tombou. Atribuo à intercessão de Mãezinha o fato de eu não ter sofrido nada no acidente e o caminhão ter sofrido pequenos estragos. Mas, pela maneira como foi o acidente, era para eu ter saído gravemente ferido ou morto, como o caminhão era para ter tido grandes danos. Fui socorrido logo por pessoas que moravam próximas do local e que me hospedaram com grande caridade. O guindaste colocou o caminhão com as rodas no chão, e constatei que ele funcionava normalmente. Tive somente que trocar o para-brisa e os amassados na porta não me impediriam de continuar a viagem. Não precisei nem levá-lo ao mecânico. Levei três dias para recarregar o caminhão e voltei para casa, normalmente, mas certo de que recebera a vida novamente de Deus, por intercessão da Mãezinha!

V

Eu sou lavrador e moro em Maria da Fé. Bebia e fumava muito, e estava afastado da Igreja. Nunca tinha ouvido falar da Mãezinha. Um dia, na rua, encontrei um retratinho dela no chão. Peguei-o. Não sabia quem era ela, mas ela me atraiu com seu sorriso, sua paz. Minha vida se transformou a partir daquele momento: nunca mais bebi, nem fumei. Voltei para a Igreja e passei a rezar sempre. E isso já faz dois anos! Mas não descansei, até que reproduzisse aquele retratinho e o espalhasse. Fiz primeiramente 650 e, depois, mais. Até para Trindade, GO, onde fui em peregrinação, levei o retratinho e o espalhei. Um dia, ofereci-o à esposa de um amigo meu, foi quando ela me contou quem era a Mãezinha. Vim ao Carmelo para relatar a felicidade que sinto!

VI

Sou muito amiga da Mãezinha. Converso com ela direto. Em todos os problemas que tenho, dos simples aos difíceis e graves, peço que ela coloque sua mão, e tudo dá certo! Por exemplo, se meu torrador de café estraga, peço-lhe ajuda, e ele funciona, até eu torrar todo o café.

Meu marido, com 84 anos, fez angioplastia, e deu tudo certo. Um parente meu teve câncer na garganta. Fez quimioterapia, não falava, não tinha força para nada. E eu lhe dei uma relíquia da Mãezinha, que ele sempre carregou na carteira. Hoje ele voltou a falar e trabalha normalmente. Um ex-funcionário do nosso sítio teve câncer no esôfago. Fez traqueostomia, por isso não conseguia engolir nada, nem líquido. Os médicos diziam que ele tinha só sete dias de vida. Dei-lhe a relíquia da Mãezinha e rezei por ele. Ele sarou, e está bem. Minha filha, estava construindo sua casa, precisando vender seu apartamento para terminar as obras e não conseguia. Pedimos a ajuda da Mãezinha, e ela logo conseguiu vendê-lo. Um amigo meu tinha uma vaca que estava para dar à luz, mas adoeceu. Ele pediu a intercessão da Mãezinha para que Deus curasse a vaca. E ela ficou boa, e deu à luz. O compadre de minha filha sofreu um acidente no trabalho: um pallet com 300 kg de papelão caiu de uma grande altura sobre ele. Teve fratura na coluna e ia ficar tetraplégico. Seu médico, quando ele entrou para a cirurgia, disse que era muito provável que ela não daria resultado. Eu mandei uma relíquia da Mãezinha, e ele foi para a UTI com ela. Um mês depois, ele estava andando! E hoje, trabalha normalmente!

VII

Nós moramos em Recife. Eu engravidei e tinha pré-eclâmpsia. Mas, depois, consegui controlar a pressão. Sabíamos que a criança era grande e que estava em formação pélvica, isto é, sentada. Mas o médico me disse que não havia risco. Alguns dias antes da data prevista para o nascimento, eu entrei em trabalho de parto. E comecei a passar muito mal. Fui para o hospital, mas meu médico estava de plantão em outra cidade. Assim que cheguei, atenderam-me, e a médica residente achou que minha filha teria possibilidade de nascer de parto normal. Eu estava com muita contração e fiquei preocupada, pois sabia que minha filha era uma criança grande: tínhamos noção de que ela estava com uns 3,8 kg. No entanto, a médica insistia que fosse parto normal. Quando a médica, responsável da equipe, chegou, ao examinar-me, disse: "Já era para esta mãe estar no centro cirúrgico!" Fui então para a cesária.

Quando começou a cirurgia em si, eu percebi que algo errado estava acontecendo, porque a médica-chefe estava muito agitada. Quando tiraram minha filha, ela não chorou. A médica só dizia: "Chamem o pediatra! Chamem o pediatra!" Eles saíram com ela do centro cirúrgico. E ninguém me falava nada do que ocorria. Quando estavam terminando a cirurgia, a médica-chefe disse para a médica estagiária: "Quando você terminar aqui, suba, e vá estudar o que é um parto pélvico". De longe, eu escutei um chorinho muito fraco. Eu estava saindo do centro cirúrgico quando me trouxeram minha filha. Falaram-me então que ela nasceu com 4,840 kg! E ela subiu para a enfermaria comigo. De manhã, já tínhamos percebido que ela estava com dificuldade de pegar o peito: ela não conseguia sugar. Por volta das 10h, minha filha começou a ficar com os lábios roxos. Logo veio a médica e a levaram. Disseram-me que ela estava com dificuldade respiratória, porque nascera muito grande, estava com a glicemia muito baixa por não conseguir mamar, mas que isso era normal no quadro dela. Começaram a tirar-lhe sangue. Mas ninguém falava o que realmente estava acontecendo.

Eu recebi alta no outro dia, mas minha filha continuava internada. Não me falavam nada de concreto: uma hora diziam que era uma infecçãozinha, outra hora que estava tomando um medicamentozinho... Mas não nos davam um diagnóstico. No terceiro dia, eu cheguei praticamente junto com a médica que estava assumindo o plantão. Quando eu estava entrando no berçário, ouvi a médica perguntar à enfermeira: "Qual foi a criança que aspirou fezes ao nascer?" E a enfermeira respondeu dizendo o nome de minha filha! Até então, nós não sabíamos o que tinha acontecido no parto. A médica veio até mim e disse-me: "Mãezinha, ela nasceu muito grande; ela já tinha passado da hora de nascer. Ela evacuou na sua barriga, e quando a puxaram, ela aspirou fezes, e elas entraram no pulmão. Agora, ela está tendo uma infecção. Em bebê, dizemos ser infecção generalizada, pois não conseguimos diagnosticar ao certo o local da infecção. Eu sugiro colocar um cateter na jugular dela, porque a furaram mais que peneira e o medicamento não está fazendo efeito. Eu preciso da autorização do responsável do berçário, mas sugiro isso. O estado dela é muito sério, muito grave". Aceitamos e veio um médico e fez a introdução do cateter. Só que quando terminaram, ela teve uma parada cardíaca e respiratória. Nisto, ligaram para que nós subíssemos. Quando chegamos, estavam saindo com ela, toda entubada. O médico disse-nos: "O caso dela é muito sério. Estamos fazendo todo o possível, mas agora é só ela e Deus. Não temos mais o que fazer. Esgotamos todas as possibilidades". Alertou-nos que não havia previsão de quanto tempo ela ficaria entubada, pois o estado dela era muito crítico.

Eu e meu marido descemos para a capela do hospital. Eu estava em prantos. Neste momento, a Cecília – na época, funcionária do Carmelo

–, entrou. Ela me abraçou e perguntou o que estava acontecendo. Eu não conseguia nem falar. Ela pensou que minha filha tinha falecido. Meu marido explicou-lhe, então, a situação. Cecília, ofereceu-nos uma foto com relíquia da Mãezinha, juntamente com a oração; contou-nos quem era ela e aconselhou-nos a pedir sua intercessão. Começamos a rezar. E dois dias depois, já desentubaram minha filha; só estava com o CPAP. A médica disse-me que provavelmente ela ficaria assim por uns três dias. Isso ocorreu de manhã. Na hora do almoço, quando retornamos, ela já estava sem o CPAP. A médica disse-nos: "O pulmão dela está respondendo perfeitamente!" No quarto dia, a infecção já estava sendo debelada. Ela ainda ficou no hospital por dezessete dias, mas só para tomar medicação. Foi uma resposta fora de toda a expectativa! E o mais interessante é que ela não perdeu peso e não ficou abatida!

Houve mais um problema: eu tive diabetes durante a gravidez. Por isso e por todo esse processo, minha filha ficou com o coração inchado (hipertrófico). Na UTI eles já fizeram eletro e outros exames. E disseram-nos: "Mesmo com a medicação, o coração dela reduziu muito pouco. Apesar disso, vamos dar-lhe alta. Ela deve continuar tomando estes remédios. Se até o oitavo mês o coração dela não desinchar, ela terá que entrar na fila de transplante, porque ela vai se tornar uma criança cardíaca, pois a tendência é que o coração fique cada vez mais musculoso com o desenvolvimento da criança". E nós, sempre rezando, pedindo a intercessão da Mãezinha: ela nos conseguira esta primeira grande graça: que nos alcançasse também esta segunda! Quando minha filha completou três meses de vida, voltamos ao hospital e os médicos disseram que ela não tinha sequela nenhuma! No seu oitavo mês de vida, em Recife, fizemos os exames, que confirmaram que o coração dela estava normal.

VIII

Eu tive problemas em três gestações anteriores. A primeira foi há 7 anos; a gestação foi até o quarto mês, quando a criança faleceu; os exames não diagnosticaram o problema. Na segunda gestação, tive problemas de novo, assim como na terceira vez, quando a criança faleceu com 3 meses. A partir daí, minha mãe fez um pedido à Mãezinha e todas as vezes que ela passava na porta do Carmelo, falava: "Mãezinha do Carmelo, não deixe minha filha com os braços vazios. Dê-lhe um(a) filhinha(o) para ela".

E ela deu! E era o meu maior sonho! Em setembro de 2013, eu descobri que estava grávida. Fiz os exames e um deles acusou uma alteração: uma possível "síndrome de antifosfolipídica". O médico explicou-me que é uma síndrome rara, de difícil de tratamento e que muita coisa poderia acontecer. Minha mãe continuou recorrendo à Mãezinha com muita fé e confiança. Comecei com uma medicação um pouco arriscada. Os primeiros ultrassons acusaram a chamada "placenta prévia": é uma placenta mais abaixo que o normal e que produz hemorragia, agravada com outros problemas por causa do anticoagulante que eu tomava. Com muita oração, a placenta subiu, estabilizou-se, e eu não tive nenhum sangramento. A cesárea estava marcada para 13 de junho de 2014. O médico disse que faria o último ultrassom em abril. Este acusou perda de líquido. Minha mãe recorreu de novo à Mãezinha. No dia 28 de abril fiz outro ultrassom, devido à perda de líquido. O médico prescreveu-me repouso até a quarta-feira, dia 30, e um medicamento para amadurecer o pulmãozinho da minha filha, pois era possível que ela nascesse prematura. E no dia 30 ele faria ultrassom, novamente. Este acusou que a perda de líquido continuava. Era mais ou menos 15h. O médico disse-me: "Às 17h começará sua cesárea. Olhe, pode ser que o bebê nem chore; pode ser que você nem possa vê-la, pois ela vai direto para a UTI". O bebê estava com 34 semanas. Desta forma, no dia 30 de abril, às 17h40, veio esse presentinho dado por Deus, pedido à Mãezinha. Eu rezei o tempo todo da cesárea. E nasceu minha filha, chorando! Eu falei: "Olhem a graça de Deus!" E até o pediatra, chorando, com ela nos braços, falou-me: "Não posso levá-la sem lhe mostrar: ela é linda!" Mostrou-me e saiu correndo com ela para a UTI. Formou-se uma equipe completa, devido aos riscos que tanto eu quanto ela corríamos: eu poderia ter uma hemorragia, porque estava tomando anticoagulantes. Mas tudo foi muito rápido na cesárea e não aconteceu nada; nem precisei de transfusão de sangue. Minha filha foi para o oxigênio, mas não precisou ser entubada. Foi só melhorando! Ficou somente 6 horas com o CPAP no nariz, para o oxigênio, e passaram-lhe uma sondinha que ela mesma retirou. Era previsto que ela ficasse na UTI por 15 dias. Minha mãe recorreu à Mãezinha, novamente, e ela ficou somente 5 dias, sem oxigênio, sem sonda, mantendo-se muito bem. Quando teve alta para o quarto, o médico alertou: "Ela vai para o quarto, mas vai depender de sua adaptação para poder ir embora". Ela passou a noite comigo, no quarto, e no outro dia, às 9h da manhã, teve alta. Passamos com ela no Carmelo, pois minha mãe falou que o primeiro lugar aonde ela iria seria na capela mortuária da Mãezinha.

IX

Quando minha filha completou dois anos de idade, percebi que possuía distúrbio de obesidade que, com o passar dos anos, aumentou e começou a prejudicar sua saúde. Depois de várias tentativas para emagrecer, um frade carmelita descalço recém-chegado à cidade de Caratinga apresentou-nos a Serva de Deus Maria Imaculada da Ssma. Trindade, com sua história laboriosa de fé. Fiz, então, o pedido desesperado à Serva de Deus, pois não havia mais a quem apelar: tudo o que minha filha comesse fazia com que ela se sentisse mal. Quando ela emagrecia dois quilos, era uma festa, mas passavam-se os dias e ela engordava quatro quilos. Neste ponto, ela já estava com 120 kg. Em um mês: ela perdeu 10 kg. Sua fome estava diminuindo. Em 11 meses ela emagreceu 57 kg. As pessoas perguntavam se ela estava doente, se tomou algum remédio para emagrecer. Eu sempre apresentava a essas pessoas a oração da Serva de Deus. E eu pedi uma graça, mas como a misericórdia é maior, recebi três: o emagrecimento de minha filha, a graça do trabalho e do seu retorno a frequentar a Igreja. Minha filha nunca usou de remédios, exercícios físicos ou cirurgia para emagrecer. Tudo foi por graça de Deus e a intercessão da Serva de Deus, Maria Imaculada da Ssma. Trindade.

X

Nasci e cresci ouvindo muitas blasfêmias do meu pai em ralação à fé e a Deus. Morava na roça e Missa era só pelo rádio; isso se ele não estivesse em casa, porque nos fazia desligar o rádio se estivéssemos ouvindo a Missa ou alguma oração. Meu pai era ateu; não acreditava e não aceitava Deus. Um certo dia, quando eu, já casada, estava fazendo uma novena no Carmelo, rezando na capela da Mãezinha, meu pai pediu que o acompanhasse em uma consulta médica, pois ele tinha de ir ao ortopedista: sentia dores fortíssimas no pé, devido a uma quebradura que ele sofreu quando criança e fora mal curada. Prontifiquei-me em acompanhá-lo, mas primeiramente eu passaria no Carmelo para não quebrar minha novena. Meu pai não gostou, mas fomos. Ele entrou comigo e minha mãe na Capela. Enquanto eu e minha mãe nos ajoelhamos para rezar, ele apenas se sentou. Rezamos e saímos. Ele fez a consulta e o médico disse que ele estava com problema na coluna: hérnia de disco, bico de papagaio e que era caso cirúrgico. Passado um tempo, eu e minha mãe estávamos conversando pelo telefone sobre milagres, e ela me contou que meu pai, desde o dia em que fomos no Carmelo, carregava a relíquia da Mãezinha dentro da carteira, e testemunhava para todos que a Mãezinha o curou de todas as dores, desde o dia que ele foi ao Carmelo. Nunca mais ele sentiu uma "fisgadinha" que fosse no pé. Não desgruda da relíquia, e, hoje, usa as frases: "Se Deus quiser" e "graças a Deus"! Eu agradeço a Mãezinha. Hoje posso dizer que não tenho mais um pai ateu. Muito obrigada, Mãezinha, por essa graça alcançada! Eu nunca vou saber o que meu pai pensou quando estava dentro da capela, mas a Mãezinha sabe.

XI

Eu tenho duas filhas com Síndrome de Down. A mais velha tem otite crônica, que a tem feito perder, pouco a pouco, a audição. O médico da Unicamp, onde ela faz tratamento, pediu um exame mais sofisticado. Ao marcar o exame, a médica me disse que o exame é tão delicado que a pessoa não pode se mover durante. Como ela tem a Síndrome de Down, possivelmente ela iria se movimentar. O exame, se a pessoa não se mexe, dura uma hora, e ficaria em R$ 200,00; se se move, ficaria em R$ 900,00. Levei três meses para conseguir o valor, e então, agendei o exame. Vim ao Carmelo e pedi à Mãezinha que nos auxiliasse, para que minha filha ficasse quietinha. Depois do exame, que durou uma hora, a médica me disse que foi um dos melhores que ela já fez: minha filha não se moveu! Quando saímos da clínica, ela me disse: "Mãe, a Mãezinha me ajudou! Ela estava do meu lado e eu fiquei bem quietinha!"

XII

Meu genro estava traindo minha filha. Meu neto, de 23 anos, descobriu tudo, e pai e filho tiveram uma briga muito feia, a ponto de minha filha ter que chamar os sogros para separarem os dois. O clima na casa de minha filha ficou muito difícil, e eu, sempre com medo de uma tragédia, pois meu neto estava muito revoltado. Comecei a rezar, com muita fé, à Mãezinha, pedindo a sua intercessão. Dentro de um mês, meu genro se arrependeu, cortou todo o relacionamento com a amante, pediu perdão à família e, agora, todos vivem felizes, unidos e em paz! Agradeço a Mãezinha, que não decepciona!

XIII

A través de este email, les hago llegar mi testimonio por gracia obtenida por medio de la Sierva de Dios, María Inmaculada de la Santísima Trinidad, que a continuación les narro: estuve de hace dos años sin empleo, y suelo entrar en la Iglesia parroquial de Santa Teresita del Niño Jesús de Barcelona, allí encontré una nota del proceso de beatificación doblada, bastante antigua, donde enumeraban una infinidades de gracias que concede el Señor a través de ella. Me puse a orar ante e Santísimo Sacramento, donde lo exponen cada día, junto con la Sierva de Dios le pedí al Padre todo Poderoso que escuchara nuestra plegaría. Así fue, al salir de la Iglesia me llamaron para hacer una entrevista laboral. Empecé a trabajar el pasado jueves, 1 del mes de febrero del presente año.

XIV

Há 9 anos, meu irmão sofreu um acidente de moto, pois estava embriagado e com o capacete no braço. Ficou muito mal. Foi para a UTI, por cerca de 40 dias. Teve traumatismo craniano e foi necessário retirar a calota craniana, por causa de um inchaço demasiado. Ele estava entubado e o médico já o havia desenganado. Foi quando eu coloquei a relíquia da Mãezinha embaixo da sua cama, na UTI, e ele começou a melhorar. Desentubaram-no, tiraram a traqueostomia. Mas ele ainda se alimentava só pela sonda, e iriam mandá-lo assim para casa. Eu estava o acompanhando nesse dia. À noite, ele mesmo retirou a sonda. As enfermeiras quiseram esperar pelo médico, no dia seguinte, para que ele a recolocasse. Tentei, então, dar-lhe um pouco de sopa batida no liquidificador, e ele tomou tudo. Depois disso, eu fui jantar ao seu lado. Ele estava amarrado na cadeira, com um lençol, pois não conseguia sustentar o corpo. De repente, ele pegou o pedaço de frango que estava no meu marmitex e comeu! Não foi necessário recolocar a sonda. Ele teve alta. Sua memória não estava boa, mas foi recuperando aos poucos. Era como uma criança, mas, agora, está totalmente normal. Durante todo o tempo, nós vínhamos ao Carmelo rezar e pedir a oração das Irmãs, por intercessão da Mãezinha. Ele trabalha, tem vida normal. Logo que melhorou – e não demorou muito – ele conseguiu emprego, embora nós não quiséssemos; desejaríamos que ele esperasse mais tempo. Ele bebia, e desde o acidente, nunca mais bebeu. Nós tínhamos medo que, voltando a estar bem, ele voltasse a beber. Mas nunca mais o fez. Sua cabeça ainda é funda, pois ele não recolocou a calota. O médico disse-lhe que ele precisaria retornar, para ver se os ossos, por si, se fecharam; senão, seria necessária uma cirurgia plástica, mas até hoje, ele não quis retornar. Ele nunca fora ao médico antes do acidente e nem depois quis voltar.

XV

No dia dos pais de 2013, eu e minha noiva, seu irmão e cunhada sofremos uma cidente: o carro capotou. As outras pessoas sofreram poucos ferimentos. Eu fui lançado para fora do carro, e bati, de cabeça, numa pedreira, e o carro parou em cima de mim. Fui socorrido pelo socorro da Autopista Fernão Dias. Cheguei ao Hospital Regional já em coma.

Eu perdi muita massa encefálica. Levei 89 pontos na cabeça e perdi a vista esquerda. Tive a sorte de ser socorrido por neurocirurgiões. Meu pai conta que os três médicos falaram com ele que a possibilidade de vida que eu tinha era de menos de 1% e que eles não davam esperança nenhuma. Após a cirurgia, fui para a UTI, e não saía do coma profundo. A perspectiva era que, se eu sobrevivesse, ficaria vegetando numa cama. Perdi líquor pelo nariz.

No dia em que meu pai, minha mãe e meu irmão vieram aqui no Carmelo rezar por mim à Mãezinha, na mesma hora, enquanto eles estavam aqui, eu voltei do coma. Fiquei uma semana na UTI e mais um mês no quarto. Eu tinha que ficar amarrado, pois não podia ter contato com o rosto. Estava com a cabeça toda aberta. Eu emagreci mais de 20kg em menos de 30 dias. Eu só fui para casa porque estava com alta probabilidade de pegar uma infecção hospitalar. Em casa, eu precisava dormir com a vigilância de duas pessoas. Quando voltei a mim, tinha perdido grande parte da memória, que fui recuperando naturalmente, aos poucos, a partir, mais ou menos, do 5º. mês após o acidente. Mas em relação ao que eu sofri no acidente, minha recuperação foi rápida. Aos poucos, por volta do 7º. mês, voltei a andar sozinho. Depois de dois anos é que pude colocar a prótese – uma placa móvel – na cabeça. Meus pais e eu temos a certeza de que eu estou vivo e normal pela intercessão da Mãezinha! Os médicos não sabem como eu sobrevivi e me recuperei! A minha recuperação é algo que até hoje está sendo estudada na Faculdade de Medicina. Ninguém entende como eu sobrevivi, como eu ando, falo, levo uma vida normal. E alcançamos outras graças por intermédio da Mãezinha: minha mãe teve uma trombose cerebral e curou 100%! Meu pai teve febre amarela, e se curou!

b) PENSAMENTOS DE MÃEZINHA

- Confie Naquele que tudo pode, e que, em sua misericordiosa Bondade, coloca-nos sempre nas mãos aquilo que vai nos pedir.

- Quando se pensa que Ele é Pai e nos ama com infinito amor, sente-se paz e confiança em tudo o que Ele fizer. Junto de Jesus não há túnel, porque Ele é Luz e Vida.

- Confie em Deus, pois Ele cuida muito bem dos que Nele confiam.

- Lutas e dificuldades sempre se encontram no caminho do Céu, mas quando Deus quer, nada resiste, e os mais invencíveis obstáculos desvanecem-se como que por encanto. Confiando em Deus, tudo se alcança.

- Tenha muita confiança em Deus, porque as pessoas retas e caridosas terão sempre a vitória final, embora tenham que sofrer muitas vezes.

- Tome a decisão que lhe for mais segura e mais sobrenatural, e o Bom Deus se encarregará de falar pelos acontecimentos.

- Tenha muita paz e confiança em Deus, porque Ele não pode deixar errar uma alma que O busca e procura fazer sua santíssima vontade.

- Não se deve ficar preocupada, pois somos de Deus e estamos em suas mãos para tudo o que Ele quer de nós. Ele sabe tudo, e faz sempre o melhor, pois é nosso Bom Pai do Céu.

- Aproveite dessas graças de Jesus, a fim de progredir na virtude. Para crescer na vida espiritual e subir a montanha da perfeição, Ele dá o alimento gostoso das carícias e doçuras do seu Amor. Quando você crescer e estiver bem presa, outro será o alimento vigoroso. Mas, junto Dele, a amargura se torna doçura. E a esposa sente-se feliz... E, no Céu, será, então, a fusão de Amor, na glória e no gozo sem-fim, que Ele prepara às esposas fiéis.

- Quando algum caso a preocupar, pense que o Bom Deus, que nos ama como o melhor dos pais, está velando carinhosamente por tudo o que lhe acontece e nada permitirá que seja um mal. Muitas vezes, as nossas vistas humanas não compreendem os desígnios de Deus, mas a nossa vontade deve ser firme e confiar sempre na Bondade e Misericórdia desse Pai, que muito nos ama.

- Viva o momento presente, pois o futuro só Deus sabe. Entregue-se generosamente ao que Deus quiser.

- A alma que confia em Deus é calma, segura. Toda perturbação vem do demônio. Pela fé, eu vejo Deus, eu sinto Deus; Ele está aqui, está me vendo; eu luto por Ele, na presença Dele e com o auxílio Dele.

- Estou rezando muito e suplicando ao Pai do Céu uma boa solução ao nosso problema. Deus pode tudo, e sabe como resolver as coisas. Vamos confiar Nele. Cuide bem de sua saúde e considere com vistas sobrenaturais os acontecimentos da terra, para que não tenham influência no físico. Lutas e dificuldades teremos sempre, e é bom sinal, pois quer dizer que estamos no caminho do Céu e em seguimento de Jesus. Viver por Ele é delicioso, porque suas vistas diferem das humanas. Não se preocupe com o que pensam e dizem as criaturas.

- A luta é grande e a responsabilidade não é brincadeira. O que anima e consola é a confiança ilimitada que deponho nos Sagrados Corações de Jesus e Maria. Que temor prevalecerá diante desses abismos de Amor e Misericórdia?

- O Amor de Jesus levou-o ao sacrifício da Cruz. Que o nosso nos leve a uma entrega total por amor Dele.

- Ame a Jesus e entregue-se generosamente a Ele, pois Ele o merece e tem direito de exigir o nosso coração todo inteirinho, e nunca vossa caridade se arrependerá, pois Ele não decepciona os que confiam Nele.

- Para seguir a Jesus é preciso renúncia e sacrifício. O amor exige da alma a doação completa, e para amarmos a Deus e ao próximo como Ele quer, é preciso renunciar-se e esquecer-se.

- Quando o Amor de Deus arde em um coração, até os sacrifícios se tornam doçuras!

- A presença de Jesus irradia uma paz e felicidade que o demônio é incapaz de imitar.

- Para ser fiel a Jesus, é preciso ser generosa, tendo a disposição de sacrificar tudo por Ele, até a vida, se for preciso. Amor por Amor. Vida por Vida.

- Que os encantos e a beleza de Jesus me fascinem, e que seja Ele o tudo da minha vida!

- Como Jesus deu-se a nós sem medidas, procure dar-se a Ele, sem reservas.

- Sabe o que é ser de Jesus? É imolar-se com Ele na cruz.

- Seja Jesus o Sol da sua vida.

- Sempre, e em qualquer circunstância, pensar, viver, agir com a Igreja.

- Faz-se mister imitar Jesus, para Nele e com Ele sermos "Jesus" para o Pai.

- Dê tudo a Jesus. Ele merece!

- Aumente a união com Deus e o resto se aperfeiçoará.

- Tudo o que se faz por Deus, permanece para a Eternidade!

- Que cada esforço na prática da virtude seja um bálsamo no coração de Jesus, ferido pelos pecados.

- Se todos conhecessem e amassem mais Nossa Senhora, o mundo seria melhor e não haveria tanto mal e tanto pecado. Como somos felizes em termos a proteção e o amor dessa Mãe e Rainha, que tanto faz por nós!

- Procure contemplar Maria, encher-se dela e irradiá-la exteriormente. Procure imitar o silêncio de Nossa Senhora.

- Continue fiel junto da Virgem Fiel. Nela, sua alma encontrará luz e força para caminhar firme até o Céu.

- Temos trabalhado muito na santificação por intermédio de Nossa Senhora. Que caminho seguro e que paz comunica às almas! Junto da Mãe, que nos levanta depois de cada queda, é tão suave a vivência religiosa! Nunca se esqueça de Maria, pois é Ela a porta do Céu!

- Seja pequenina e humilde, como Nossa Senhora, para que Deus opere maravilhas por seu intermédio.

- Deixo-a no Coração de Maria, bem juntinho ao Verbo Nela escondido, para que seja bem semelhante a Jesus.

- Com Nossa Senhora, procure olhar Jesus e fazer como Ele.

- Aproveitemos de tudo para a nossa santificação, pois as coisas passam rapidamente e só fica o Eterno.

- É preciso que o desejo de santidade não esmoreça, e cresça sempre, e para isso é necessário que cresça também o fogo do amor. E sabem qual é a melhor lenha para alimentar esse fogo? É o lenho da Cruz! Portanto, muita generosidade em aproveitar até os cavaquinhos para incender esse divino fogo.

- Cultive sua fé e procure viver nessa luz. Quando se vê Deus em tudo, e das suas Mãos se recebem os acontecimentos, é bem diferente nossa atitude. Que fé a de Abraão! Ia sacrificar o próprio filho! (Cf. Gn 22,1-19). Procure imitá-lo.

- Caminhemos, mas à luz do Evangelho.

- Ser santo é amar e procurar viver de amor.

- Para ser santa não é preciso muita ciência, basta saber servir por amor!

- Deus prova os que ama. Quando menos se espera, Ele aparece em nosso caminho, e o presente é sempre uma lasquinha da sua Cruz. Não decepcione Jesus e abrace, com amor, esse madeiro sagrado. Às vezes, Ele só espera o nosso sim, e logo as coisas se transformam. A cruz arrastada é peso intolerável, mas torna-se até em delícias, quando é abraçada com amor.

- A vida é sempre assim. Um dia claro e cheio de sol, transforma-se, às vezes, em sombrio e tempestuoso. Mas a fé brilha, mesmo nas sombras, e o nosso Deus é um farol luminoso que aclara o nosso caminho. Agarre-se a Ele e deixe o barquinho vagar.

- A vida presente é meio e não o fim. Por ela, conseguimos a verdadeira vida, que é a eterna. Tudo aqui na terra passa rapidamente, e a vida de todos é um acúmulo de lutas, dificuldades e sacrifícios. Mas, graças a Deus, tudo isso é uma passagem, pois, a vida verdadeira é a que não tem fim. Veja, portanto, que não deve se afligir e nem se apegar ao que vale tão pouco, ao que é tão inseguro e perecível.

- Aproveite das provas de exílio, pois são uns curtos instantes. Temos uma eternidade para gozar. Um olhar para o Céu, nas horas tristes, é o bastante para que tudo se ilumine.

- Sobre o ponto para trabalho espiritual, acho que a humildade é um ponto básico, e se fizer um trabalho esforçado, todo o resto se consertará. Comece pelo mais fácil e vá travando o combate. Verá em pouco tempo, como todos os outros pontos vão se aperfeiçoando. Veja a causa das suas lutas, quedas e dos seus fracassos... No final, a causa de tudo é a falta de humildade, não é? Trabalhando assim, as outras virtudes virão de dentro e terão resistência. Estude a humildade em Jesus... em Nossa Senhora... e as montanhas se aplainarão. A vida é breve! Um Céu eterno nos espera.

- Pelas pequenas virtudes, procure chegar à união total com Jesus. É o céu na terra.

- Procure viver a perfeição do amor, na fidelidade do dia a dia. Esqueça o que passou e viva generosamente a Vontade de Deus.

- Marta, Marta! (Cf. Lc 10,41) O trabalho não atrapalha. O que prejudica é a aflição.

- Você nunca perde em ser boa demais. Seja sempre boa.

- A paz só é dada aos humildes.

- Humildade é a melhor trincheira, o melhor refúgio para a alma. O demônio tem horror da alma humilde.

- É preciso ter generosidade. Gente covarde não sobe a montanha da perfeição.

- A limpeza da alma faz ver as coisas de Deus. Quanto mais pura a alma, mais ela percebe o Coração de Jesus, os seus gostos. Quanto mais ela se torna pura, mais percebe a Deus.

- Eu sempre considerei a paz como um grande dom, e se um dia passarmos pela falta de paz exterior, lembrem-se de que a paz da alma supera a outra. O maior mal que os homens podem nos fazer é tirar nossa vida. Mas não podem tirar a vida da alma; até, pelo contrário, o mal que nos fazem, tirando-nos a vida, lança-nos nos braços de Deus. A única coisa que tira a paz é o pecado. Temos como exemplo Jesus que, na paixão, no meio de dores tão horríveis, não perdeu a sua paz.

- Somos de Deus e Ele pode dispor de nós para o que quiser.
- Nós devemos sofrer tudo de todos e não fazer ninguém sofrer.
- Amor pede amor e Jesus espera sua generosidade.
- Jamais chegaremos a agradar a Deus se o desprezarmos na pessoa de um dos seus pobres e pequeninos.

Este livro foi composto com as famílias tipográficas Adobe Caslon Pro, Adobe Garamond Pro, Bodoni MT e Helvetica Narrow e impresso em papel Offset 75g/m^2 pela **Gráfica Santuário.**